Investigación de Mercados

&

Mezcla Promocional

Conceptos y Reactivos Para el examen

EGEL-CENEVAL

Volumen II

Indice Mezcla Promocional

La Dirección de la Mezcla Promocional

Las herramientas del marketing mix o 4P´s, (Producto, Precio, Plaza y Promoción) son los instrumentos básicos para implementar las estrategias de mercadotecnia dentro del plan de marketing. En este punto analizaremos en específico la "P" correspondiente a la "Promoción" que a su vez está compuesta por su propia mezcla promocional, la cual consta de cuatro elementos fundamentales:

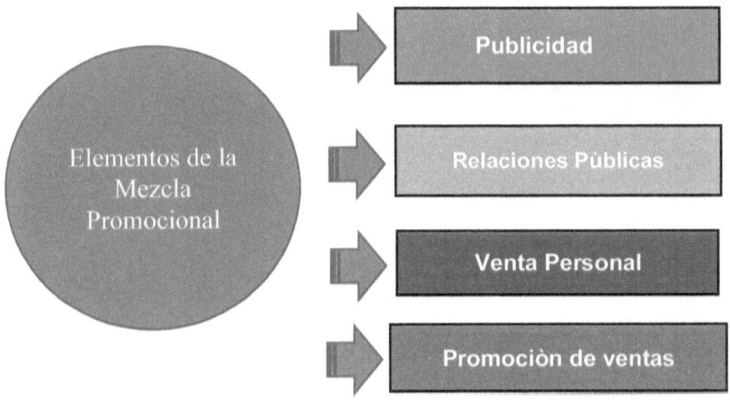

La mezcla promocional es una combinación integrada de formas personales y no personales de técnicas de comunicación, es la combinación de varias estrategias y tácticas que integran la publicidad, la promoción de ventas, la venta personal y las relaciones públicas, su importancia es tal, que deben ser considerados cuidadosamente su aplicación considerando aspectos de producto, la marca, tamaño de la empresa, ubicación geográfica entre otros aspectos que retomaremos más adelante en este capítulo.

La combinación de estos elementos de la mezcla promocional debe ser congruentes y armónicos entre ellos, ya que se debe recordar que es a través de esta mezcla como se atiende y proporciona la información necesaria a los clientes y puede incluir medios directos, como telemarketing, exposiciones y ferias, correo tradicional directo, la venta por catálogo, entre otros medios, especialmente los medios digitales y nuevos medios como las redes sociales.

En consecuencia los mercadólogos deben ser sumamente selectivos al momento de elegir los elementos promocionales con la finalidad de llegar al mercado meta seleccionado.

Al final del día todos los elementos de la mezcla promocional deben ser integrados en un proceso de comunicación compuesto por: El emisor, la codificación, el mensaje, la decodificaciòn, el receptor (target), la respuesta y finalmente la retroalimentación.

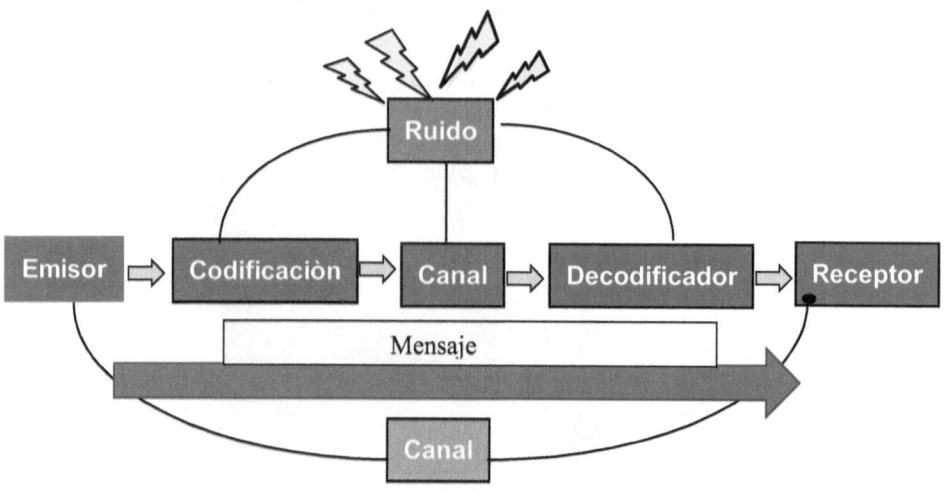

La mezcla promocional, tiene una relación directa con el proceso de comunicación, especialmente con la comunicación a los clientes, tanto finales, como intermediarios, en este caso el emisor es el encargado de iniciar el proceso de comunicación, es quién transmite el mensaje, el que lo da a conocer. Desde el punto de vista del marketing y en específico de la mezcla promocional, es *el emisor quien se encarga de definir el público meta a quién se quiere dirigir la estrategia promocional y la idea original que se quiere transmitir.*

Las ideas se deben traducir en códigos como: Idioma con palabras, símbolos, gráficas, incluso comunicación no-verbal como: gestos, señales con la mano, entre otros, el emisor elegirá el código adecuado para lograr que la idea pueda ser posteriormente decodificadas por los receptores, claro, dependiendo de quién emita el mensaje, existen varios tipos de codificación, por ejemplo, los códigos de los bomberos, policía, pilotos de aviación y desde luego el idioma, incluso algunos como el código braille utilizado por las personas con debilidad visual.

Los principios básicos para definir la codificación del mensaje pueden incluir: Ser sencillos, con enfoque, claro y pertinente, es decir que tengan significado y contenido, el cual sea relevante para la audiencia a la cual va dirigido. También se debe contar con un cierto orden en el mensaje y debe tener cierto número de repeticiones, de hecho, al menos dos veces repitiendo los puntos principales a resaltar.

La siguiente parte del proceso es la elección del canal o canales por la que será transmitido el mensaje, estos deben ser cuidadosamente seleccionados, ya que como bien decía Marshall McLuhan "El medio es el mensaje" y nada es más cierto que esto, pensemos en un anuncio por radio, en definitiva transmitir y codificar un mensaje en radio, será siempre mucho más difícil que hacerlo por televisión o streaming, el mensaje en radio tiene que lograr que el receptor decodifique la información escuchando el mensaje e imaginando lo que sucede en él, la historia contenida en el mensaje, es reflejada en la mente de cada uno de las personas de la audiencia de forma distinta, pero el mensaje sigue siendo el mismo, la interpretación por el contario no.

Por esta razón el mensaje transmitido y el recibido no necesariamente son iguales, ya que el proceso de codificaciòn-decodificaciòn pueden variar, dependiendo de antecedentes y puntos de vista tanto del emisor como del receptor. Lógicamente los mensajes se consideran eventos de conducta, ya que son la expresión de una idea, una idea elaborada de determinada forma y siempre tiene que considerar al receptor y su cultura, valores y estilo de vida, también es importante pensar detalladamente en el contenido del mensaje y organizarlo de forma adecuada.

En marketing hay muchos ejemplos de errores en la construcción y difusión del mensaje, por ejemplo la marca "Negrito de Bimbo" que tuvo que ser modificado por "Nito" por razones de ética publicitaria, pero sobre todo por una cuestión de referencia étnica, que podría ser ofensiva; otros ejemplos incluyen a la marca Nike que en 1997 lanzò su modelo *Air* en la que el logotipo era muy parecido a la palabra Alà en árabe, por lo que el modelo Air Max 270, se consideró blasfemo en el mundo musulmán, de hecho la comunidad musulmana mencionaron que era espantoso poner el nombre de Dios en una zapatilla; Por ultimo Walmart lanzó en algún momento disfraces para chicas "gordas", ocasionando que algunas mujeres se sintieran ofendidas por el mensaje.

Los ejemplos anteriores nos demuestran que el mensaje debe ser pensado con mucho cuidado y sobre todo considerando a la audiencia, sus valores, estilo de vida e incluso religión.

El objetivo de la Mezcla Promocional

La interacción de cada uno de los elementos de la mezcla promocional es indispensable para el éxito de cualquier plan de mercadotecnia, la idea es darle peso distinto, dependiendo de los factores específicos del producto, su ciclo de vida, la marca, el público al que nos dirigimos, los tipos de decisión de compra de cada grupo de consumidores y clientes. Las estrategias de "Pull" y "Push" y por supuesto del presupuesto disponible por la organización.

El objetivo principal de la mezcla promocional es *informar, recordar y persuadir al público objetivo al que se va a dirigir el producto y/o marca,* cada uno de los elementos del *Mix Promocional* tiene funciones claramente definidas, las cuales tendrán que ser analizadas a través de los siguientes factores:

1-La naturaleza del producto y de la marca.
Identificar el tipo de producto al que se le va a realizar la campaña publicitaria es un primer paso para establecer los objetivos de la misma, desde luego no es lo mismo realizar la publicidad de un candidato o partido político en dónde se resaltarán ideas, propuestas y personas (Propaganda) a la publicidad que se realizará a un producto, marca o incluso campañas institucionales. En este sentido no es lo mismo realizar una campaña publicitaria de un refresco de cola, cuyo público objetivo es sumamente amplio a realizar una campaña de una marca de lujo, cuyo público es más selecto.

La mezcla promocional para productos y marcas de lujo es más selectiva y tendrá un efecto directo en las decisiones acerca de cuáles medios a elegir, por ejemplo: la mayoría de las marcas de lujo emplean las revistas de especialidad acerca de moda y tendencias, la televisión, en especial aquellos canales de paga, el correo directo, la realización de eventos exclusivos por invitación, las demostraciones como pasarelas, el uso de figuras públicas como "influencers", siguen siendo armas importantes para la promoción de marcas de lujo en todo el mundo.

Por otro lado, los productos de consumo masivo como los refrescos de cola, las mermeladas, y otros productos de conveniencia, tienen una mecánica promocional distinta, podríamos mencionar en primer lugar, que son de carácter masivo, es decir con un público mucho más amplio, en este sentido la televisión abierta, la prensa, las degustaciones masivas en grandes cadenas comerciales, los cupones de descuento, los materiales punto de venta, entre otras estrategias resultan bastante útiles en este tipo de productos.

2-El ciclo de vida del producto y la mezcla promocional
¿Cómo saber si la mezcla promocional debe informar, recordar o persuadir a los clientes? Generalmente la respuesta se responde con otra pregunta: ¿En qué etapa del Ciclo de Vida del Producto se encuentra?

2.1-La Introducción:
Un producto que se encuentra en etapa de introducción (producto nuevo en el mercado) requerirá de la mayor cantidad de esfuerzos para lograr que los clientes potenciales lo conozcan, en este sentido la estrategia estará dirigida a *"informar" acerca de los beneficios y valor diferenciado del producto en el mercado y coadyuvar al reconocimiento de la marca.*

Un buen ejemplo fue cuando se lanzó al mercado el primer teléfono "iPhone" en junio del 2007, en donde el fundador de la empresa Steve Jobs, realizaba una de las más célebres presentaciones en el MacWorld 2007 en San Francisco, California, ante la prensa y líderes de opinión. En esta gran presentación el fundador de la compañía describía las características, funcionamiento, diferencias y ventajas sobre otros teléfonos inteligentes de la época como los BlackBerry, MotoQ, Palm Treo y Nokia E 62.

El iPhone revolucionó y marcó la tendencia en el diseño y funcionamiento de los teléfonos móviles, en otras palabras "reinventó· la telefonía móvil. Steve Jobs en sus propias palabras mencionaba en aquella presentación: "Hoy vamos a hacer historia", presentamos tres productos revolucionarios: El iPod, un dispositivo avanzado con conexión a internet y un teléfono móvil. "No son tres dispositivos distintos, es solo uno y lo hemos llamado iPhone"

Desde aquel momento toda la maquinaria promocional se orientó informar, describir y explicar las diferentes aplicaciones, usos y funciones del nuevo dispositivo, a través de displays de gran tamaño ubicado en las tiendas, así como del personal calificado para explicar su uso y ventajas a las personas que quería informarse sobre el producto y la marca.

2.2-En la etapa de crecimiento y principio de la madurez.
Tradicionalmente la etapa de crecimiento, trae consigo a nuevos competidores que pelearán por un "trozo" del mercado" de lo que en su momento fue una nueva categoría, en este sentido **la mezcla promocional estará orientada a "persuadir"** a los consumidores y clientes acerca de que el iPhone es el mejor teléfono inteligente en el mercado. La idea es incrementar los elementos de la persuasión para mantener a los clientes cautivos y al mismo tiempo lograr que clientes nuevos adquieran el iPhone en lugar de las otras marcas de teléfonos inteligentes.

2.3-La etapa de plena Madurez del Producto.
En esta etapa, tanto el producto como la marca ya han sido probados y se han consolidado en el gusto de muchos clientes y consumidores, de hecho, la competencia se ha fortalecido, pero han sido pocos lo que han quedado en el mercado después del gran número de competidores resultado del "boom" de la etapa de crecimiento. En esta etapa la mezcla promocional se ha concentrado en *recodar que el iPhone es un producto tecnológicamente avanzado y que lo pueden encontrar en las Apple Stores, Tiendas de telefonía celular y tiendas departamentales.* En este punto los clientes ya saben bastante acerca del dispositivo y de su uso.

¿Pero?

¿Cómo establecemos los objetivos de la mezcla promocional para cada etapa?

Si quisiéramos establecer objetivos de la mezcla promocional para cada etapa del ciclo de vida del producto, lo podríamos hacer de la siguiente forma:

Informar: No solo es importante crear reconocimiento de marca, también es importante comunicar los beneficios del producto, cómo funciona, en dónde encontrarlo, cómo usarlo y consumirlo, incluso podría sugerirse el informar sobre nuevos usos del producto o crear una nueva imagen de la compañía.

Producto: Cerveza Corona

Introducción- Informar:

Objetivo: Lograr reconocimiento y recordación de marca (Awareness)

Lograr un incremento del 15% al 35% de los clientes que recuerdan a "Corona" como primera opción de respuesta cuando escuchan la palabra "Cerveza"

Persuadir: En una condición de mercado con amplia competencia y una gama sumamente amplia de oferta de productos, siempre será importante lograr que los consumidores elijan nuestra marca sobre el resto de las alternativas, entre estos objetivos también podemos añadir que también se puede persuadir para cambiar la percepción acerca de un producto o marca.

Crecimiento-Persuadir (Actitudinal)

Objetivo: Lograr el posicionamiento del producto-marca

Lograr un incremento porcentual del 30% al 45% de las personas que creen que la cerveza "Corona" es la mejor y más reconocida cerveza a nivel internacional.

Recordar: Mantener en la mente del cliente que nuestro producto y marca se encuentra siempre disponibles en los diferentes puntos de venta.

Madurez- Recordar

Recordar a los consumidores de cerveza Corona que el producto se encuentra disponible en más de 130 países alrededor del mundo, en bares, supermercados y tiendas de conveniencia.

3-El mercado meta al cual nos dirigimos:
Otro de los factores importantes a considerar es el público objetivo al cual nos dirigiremos con la estrategia promocional, por ejemplo: si el producto en cuestión es una bebida deportiva, queda claro que la mezcla promocional (publicidad, relaciones públicas, venta personal, promoción de ventas y merchandising tendrán que enfocarse en puntos de venta como: Gimnasios, Centros deportivos, en los departamentos de "deportes" dentro de las tiendas departamentales, entre otros lugares propios para la compra o consumo.

En este mismo orden de ideas, si el producto se tratara de bebida alcohólicas, pues la forma de "activar" este tipo de productos serán bares, restaurantes, centros de espectáculos, entre otros puntos de venta en donde acude el público objetivo en cuestión.

Un buen ejemplo lo llevó a cabo el banco mexicano Banamex, quienes iniciaron un agresivo plan promocional en las universidades del país, con la finalidad de atraer clientes primerizos para sus tarjetas de crédito y lograr un incremento en la bancarización de estos sectores de la población, quiénes están por salir de la universidad y tener su primer empleo y por ende sus primeros ingresos.

4-El tipo de decisión de compra
No todos los productos se adquieren de una misma forma ya que no es lo mismo adquirir un litro de leche o un paquete de donas, que adquirir un televisor inteligente de alta definición o un automóvil, lo anterior requiere tácticas promocionales distintas, hay que recordar que algunos productos incluso se adquieren por impulso y otros implican un proceso de compra más razonado y requieren mucha más información y tiempo para la toma de decisión, por lo que no sería raro el hecho de darle mayor fuerza a personal de ventas capacitado para brindar información técnica y de servicio en este tipo de productos y por otro lado los bienes de consumo, quizá requieran mayor publicidad en el punto de compra para incentivar la compra por impulso, por ejemplo en los supermercados o tiendas de conveniencia

5-Presupuesto disponible
Uno de los mayores problemas, en especial para empresas que comienzan como las "startup" PYMES o empresas de reciente creación, es la falta de recursos disponibles y esto requerirá de mucha creatividad para implementar una estrategia promocional de acuerdo a ellas. Afortunadamente los medios digitales ofrecen una solución, la cual no solo permite segmentar adecuadamente el mercado, sino también lograr una cobertura publicitaria amplia e incluso de promoción de ventas a nivel internacional a costo realmente bajo, especialmente comparado con los canales tradicionales como la radio, televisión y prensa cuyos costos son elevadísimos para los presupuestos de este tipo de empresas.

6-Estrategias de "Push" y "Pull"
Las estrategias de Push y Pull básicamente tienen que ver con el estimulo de la oferta y la demanda, tiene que ver con acercar el producto a los clientes (Push) a través de los distribuidores

El "Push" (Empuje) "Lleva el producto al cliente"
La estrategia de "Push" ò "Empuje" tiene una relación directa con los canales de distribución (intermediarios comerciales), es una estrategia de marketing que opera siguiendo una dirección del fabricante al canal de distribución y finalmente al consumidor final, la idea es incentivar la oferta a través de los clientes intermediarios para que ayuden de forma voluntaria en la promoción del producto, el objetivo final es "Incentivar" para que el producto llegue a los clientes y consumidores gracias a las recomendaciones que el intermediario proporcione a los clientes con la ayuda del fabricante.

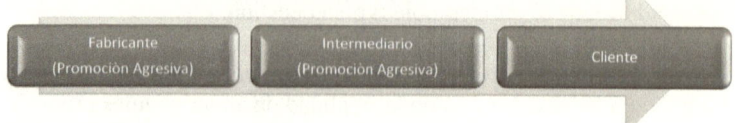

Algunas estrategias comunes de "Push" son:
-Ferias y Expos
-Venta directa
-Promotores /Promo-vendedores
-Demostradoras
-Degustaciones
-Demostraciones en tienda

Ventajas y desventajas de las estrategias de la estrategia de "Push"

Ventajas	*Desventajas*
Es muy útil cuando se quiere encontrar distribuidores para los productos y que èstos quieran comprometerse y promocionar el producto.	Se requiere contar personal de ventas como promo-vendedores, preventistas, demostradoras, gerentes de negociación cuentas clave, entre otras personas dedicados a esta actividad, casi a tiempo completo, por lo que para muchas empresas podrían estar fuera de su presupuesto.
Lograr mejores espacios y posiciones dentro del anaquel en cada una de las tiendas.	Si se abusa de la estrategia, los clientes podrían sentirse abrumados e incluso enojados con los productos de la marca.
Incremento en ventas y cierre de un mayor número de clientes, reduce el inventario.	El costo de los lugares dentro de una Expo o Feria puede requerir de un costo elevado, incluso por la fabricación o renta de los stands.

La estrategia "Pull" (Jalar) "Lleva a los clientes hacia el producto"
Una estrategia "Pull" es aquella que requiere un alto gasto en publicidad y promoción de ventas para el consumidor, con el objetivo de incentivar la demanda de un producto a partir de incentivar directamente al cliente a través de la publicidad, recomendaciones, incluso descuentos.

Ejemplos:
-Publicidad
-Referencias (boca a boca)
-Promoción de ventas como descuentos especiales

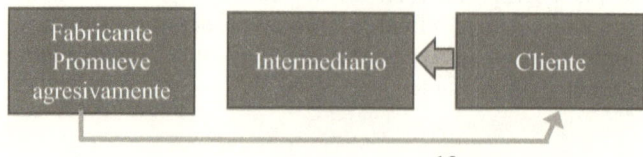

Ventajas y desventajas de las estrategias de la estrategia de "Pull"

Ventajas	Desventajas
Crea Valor: La estrategia de Pull se encuentra fundamentado en el valor que el producto representa para el cliente y supone que el cliente se acercará por sí mismo al producto y lo preferirá.	Se requiere infraestructura, en especial en mercadotecnia directa, puede requerir cantidades importantes de personal, para dar seguimiento a las órdenes de los clientes,
Permite aplicar estrategias publicitarias BTL y ATL o una combinación de ambas. Blogs, email-marketing, medios sociales como Facebook, Instagram.	Los costos en publicidad, especialmente en ATL como publicidad en Televisión, Prensa, Radio podrían ser costosos para la marca, especialmente tratándose de las PYME, sin embargo, las redes sociales pueden ser una buena alternativa.
Crean posicionamiento, recordación y finalmente capital de marca (Brand Equity).	
Puede crear valor de "por vida", algunas marcas como la marca de zapatos "Flexi" es recordado como la marca de zapatos mexicanos mas cómodos y algunas personas siempre compran esta marca de zapatos.	

Una completa estrategia promocional debe incluir tanto estrategias de "Push" como de "Pull", es fácil comprenderlo con un ejemplo:

Supongamos que nos encontramos viendo la televisión y vemos un anuncio de una reconocida marca de teléfonos celulares en donde se menciona que esa marca tiene un 30% de descuento en una cierta tienda departamental, nosotros tomamos nuestra cartera y nos disponemos a dirigirnos a la tienda, pero al llegar nos encontramos con una dama de excelente apariencia, la cual nos insiste en probar los beneficios de la marca competidora del teléfono que nosotros pretendíamos comprar inicialmente;
Finalmente, nos convence, cambiamos de opinión y terminamos comprando un producto que no teníamos planeado comprar.

¿Cuántas veces nos hemos encontrado en una situación similar?

Lo anterior demuestra que no solo es necesario estimular la demanda a través de la televisión o algún otro medio masivo de comunicación (jalar) también es importante "cerrar" el proceso en el punto de venta mediante mediante alguna estrategia de (empuje) la cual permita hasta el final que el producto sea adquirido en el punto de venta aún con una gran cantidad de competidores a su alrededor.

En otras palabras, tanto la publicidad, la promoción de ventas, la venta personal y el mercadeo (merchandising) actúan de forma simultánea y nunca por separado, el desafío es saber en qué proporción e intensidad se emplean cada uno de los elementos en una estrategia conjunta.

Para entender mejor lo anterior, analicemos cada uno de los elementos de la mezcla promocional uno por uno para conocer sus efectos y funciones.

Publicidad: La publicidad tiene un efecto muy importante cuando se requiere crear reconocimiento, conocimiento, posicionamiento en el mercado, recordación es decir la publicidad aunque ayuda, no garantiza el que se vaya a crear preferencia hacia el producto por parte de los consumidores y clientes y mucho menos que se vayan a generar ventas por el solo hecho de publicitar el producto en diferentes medios, sin embargo es bastante útil para crear recordación de marca, posicionamiento en el mercado, incluso es muy útil para informar y hasta para educar a los clientes acerca de los beneficios del producto o marca.

En este sentido, la publicidad es bastante útil para cambiar las opiniones del público hacia la marca o el producto, fortalecer el valor de la marca, posicionar la marca a través de la presentación de los beneficios diferenciados de ella, lograr que las personas la reconozcan y finalmente "coadyuvar" a que el producto y la marca se vendan.

Para que una campaña publicitaria funcione, siempre será necesario conectar las estrategias publicitarias con el plan de marketing previamente diseñado en la empresa y la forma de hacerlo es a preguntarnos: ¿Qué es lo que queremos comunicar en la publicidad? ¿Qué queremos afirmar acerca del producto? ¿Cómo lo sintetizamos? todas las respuestas a lo anterior se le llama: "copy strategy" el cual tiene que ser desarrollado mediante la transformación del mensaje para convertirlo en una poderosa herramienta de persuasión ya que lo importante no es lo que dices de la marca, sino cómo lo dices. En otras palabras, el "copy strategy" es el documento con las instrucciones de forma concreta para el posterior trabajo de los creativos, centrándose en un solo mensaje, una única cosa que decirle a la gente, el tono en el que se dice, que contenga una promesa creíble y las razones necesarias para creerla y la cuales se convierten en un slogan publicitario.

Ejemplo de un copy strategy de los Hoteles Hyatt:

Hoteles Hyatt: *"Siente el toque de Hyatt"*

Promesa única de venta	Hyatt ofrece una experiencia de comodidad y lujo superior a sus clientes.
Justificación (Reason Why)	Mediante la concentración de instalaciones modernas y de última generación, las cuales lo hacen el hotel más cómodo y lujoso del mundo.
Evidencias	De acuerdo a la prestigiada revista "Travel US News" los hoteles Grand Hyatt, Hyatt Regency, se encuentran en tercer sitio, dentro de los 10 hoteles más lujosos y con mejor servicio del mundo.
Tono	Servicial y relajado
Personalidad	Serio, de clase, supera las expectativas de los clientes.

Una vez que se tiene claro el copy strategy, será necesario tomar decisiones acerca del tipo de mensaje a desarrollar y su efecto en los consumidores, no olvidemos que el objetivo final es lograr ventas y la publicidad y su mensaje solo es una parte del mix promocional, en este sentido uno de procesos más usados es el AIDA cuyas siglas significan: (Atención, Interés, Deseo y Acción) el cual explicaremos a continuación:

El Modelo AIDA

Atención: Es la concentración de los sentidos sobre un punto de interés específico, el cual puede ser difícil de lograr debido a la gran cantidad de estímulos que recibimos día tras día por diversos medios de comunicación a las que estamos expuestos, entonces:

¿Cómo lograr la atención?
Para lograr atraer la atención es necesario conectar con las personas a través de alguna situación con la que se sientan identificados o que afecten su "yo", lo anterior se puede demostrar cuando abrimos nuestra bandeja de entrada de correos electrónicos y encontramos que tenemos más de 100 por leer, seguramente revisaremos y los primeros que abriremos son los que contengan encabezados como: "Que no te suceda a ti", "Paga tus impuestos a tiempo" , "Hasta 80% de descuento con este cupón". Todos estos mensajes tienen que ver con los intereses particulares de los destinatarios y sin duda tienen un impacto en llamar la atención sobre el resto de los correos.

En tiempos recientes cuando exploramos las redes sociales es común encontrar medios generadores de contenidos, los cuales utilizan mensajes cuidadosamente elaborados para atraer la atención, por ejemplo:

"Diez cosas que debes hacer para conquistarla, ¡la novena, te sorprenderá!"

En la industria automotriz y utilizando publicidad más tradicional, podemos observar anuncios en espectaculares en las principales avenidas con mensajes como:

Fuente: Ghandi

Fuente: Telefónica /Movistar

Fuente: Seat, México.

Nótese que el mensaje que resalta en el anuncio, son los $20,000 pesos de descuento y está diseñado para llamar la atención de los clientes potenciales y que deseen saber más sobre el descuento publicitado.

Interés: Una vez que hemos logrado llamar la atención, ahora tenemos que despertar el interés, ¿Pero que es el Interés? el interés podría ser considerado como una "atención continuada" que por lo regular da paso a la curiosidad por saber más de la marca o del producto y es en este punto cuando la generación de contenidos juega un papel importante, es decir las "historias" o "testimoniales positivos" de otros clientes que ya han adquirido el producto son sumamente útil, ya que dispersan todo tipo de dudas y pueden responder una buena cantidad de preguntas que las personas se plantean.

Es común encontrar en páginas de e commerce como Amazon, Mercado Libre o e-bay, las opiniones de los clientes, la calificación de satisfacción acerca de un producto, las opiniones positivas son clave para pasar al siguiente paso que es "el deseo".

Deseo: El deseo por poseer el producto es el siguiente paso clave y la persuasión acompañada por las exhibiciones, demostración, degustación y otras actividades pueden cerrar el ciclo de la venta del producto. Regresando al tema del automóvil, la generación del deseo la podremos lograr a través de la "prueba de manejo" y una vez que el cliente ha quedado convencido, llegará el momento de cerrar la transacción.

Acción: Finalmente la acción se refiere a la "acción de compra del producto" después de haber seguido los pasos anteriores (Atención, deseo e interés). Es necesario comentar que después de la acción de compra, tendríamos que analizar el proceso "poscompra", es decir el grado de satisfacción del cliente al usar o consumir el producto, ya que lo anterior es esencial, tanto para lograr la recomendación del producto (boca-en boca), como también para garantizar los ajustes (en caso de ser necesario) para lograr la completa lealtad del cliente.

¿Cómo se relaciona el AIDA con el proceso de compra?

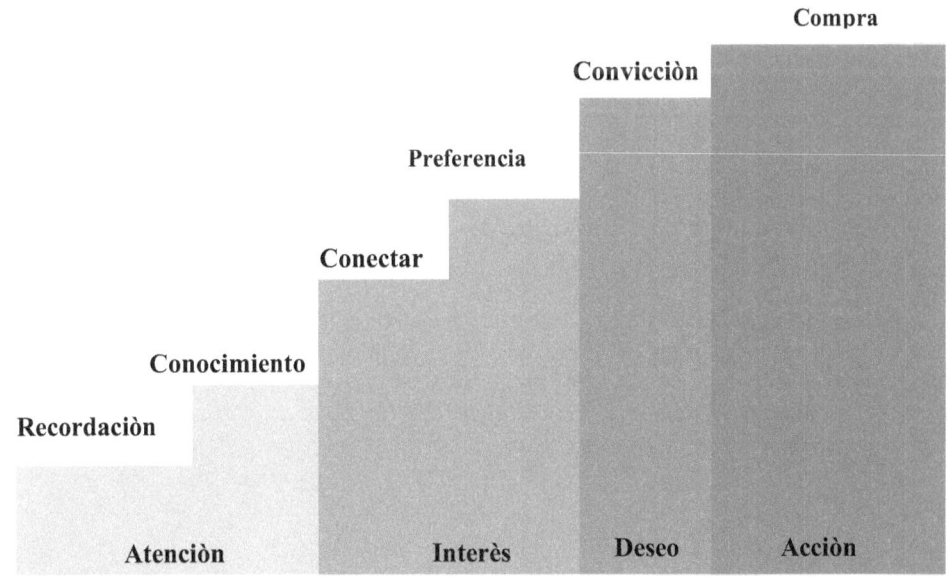

Una vez que se ha definido el mensaje publicitario a través del método AIDA, es tiempo de elegir los canales de comunicación publicitaria, de acuerdo al presupuesto, alcance, ciclo de vida del producto y por supuesto el tipo de mensaje publicitario, no olvidando el inolvidable aforismo de Marshall McLuhan:

"El medio es el mensaje"

Las actividades publicitarias pueden ser divididas en tres estrategias, las cuales pueden ser mezcladas entre sí, dependiendo la estrategia, el alcance y el presupuesto de cada compañía y de cada marca:

A)-Publicidad por encima de la línea/ Above The Line (ATL)

B)-Publicidad por debajo de la línea /Below The Line (BTL)

La línea se usó originalmente para separar las actividades publicitarias que tenían penetración masiva (sobre la línea) a aquellas que tenían penetración específica y con una segmentación mucho más "perfilada" (debajo de la línea), mientras que en la parte superior de la línea se encontraban los medios "comisionables", la parte inferior de la línea representaban los medios "no comisionables" y el propósito original fue el separar los presupuestos publicitarios; Posteriormente y debido al aumento de la competencia y al desarrollo tecnológico, surgieron las actividades publicitarias que difuminan la línea e incluían el uso de actividades de publicidad tanto de ATL como de BTL de forma combinada.

Publicidad Above The Line /Por arriba de la línea (ATL)

La publicidad "Above The Line" (ATL) es el tipo de publicidad de gran alcance en campañas masivas a nivel nacional, que se realiza a través de medios tradicionales y que es usada en gran medida por productos de consumo masivo. La publicidad ATL puede incluir medios como:

-Publicidad por televisión
-Publicidad por radio
-Publicidad impresa como prensa y revistas de amplia circulación
-Publicidad en cine

Normalmente la publicidad (ATL) es muy útil cuando el objetivo es el posicionamiento del producto y la marca en estadios tempranos del ciclo de vida del producto, sin embargo y debido a sus altos costos, *este tipo de publicidad se encuentra casi reservada para grandes marcas de empresas como Procter&Gamble (P&G) Colgate, Coca-Cola, entre otras empresas multinacionales, cuyos presupuestos de marketing son millonarios.*

Publicidad Below The Line /Por debajo de la línea (BTL)

La publicidad Below The Line (BTL) está caracterizada por medios que generalmente son "no convencionales", pero que sin embargo son de alto impacto y generalmente menos costosos de los tradicionales ATL. La publicidad BTL trata de aprovechar los espacios públicos con el fin de promocionar o posicionar una marca, este tipo de publicidad es conocida en los Estados Unidos como Marketing de Guerrilla.

-Mobiliario Urbano como: Vallas, Cajas de luz, Publicidad en parabuses, Publicidad en el metro
-Publicidad móvil como: Peceras, Vallas Móviles, Street marketing
-Hombres Anuncio
-Mercadotecnia directa como: Correo directo, Telemarketing, Catálogos,
-Mailing (Correos electrónicos a clientes potenciales)
-Redes Sociales, como: Facebook, Instagram, Pinterest.
-Optimización de los Motores de búsqueda en internet: SEO Search Engine Optimization

Algunos ejemplos de BTL pueden ser:

Valla Móvil

Valla en carretera del Brandy Osborne

Valla en Ciudades

Hombres Anuncio

Street marketing (Publicidad Móvil)

Publicidad en Parabuses

Capítulo 2
La promoción de ventas.

¿Qué es la promoción de ventas?

Promoción de ventas. Conjunto de herramientas de incentivo, por lo general de corto plazo, diseñadas para estimular a los consumidores para que prueben un producto o servicio, lo compren rápidamente o compren más unidades; otras definiciones nos mencionan que la promoción de ventas es un conjunto de actividades que tienen como objetivo hacer que las ventas se incrementen durante un periodo determinado (generalmente por el tiempo en que se establecen las estrategias y tácticas promocionales), generalmente están determinados por incentivos de corto plazo y con fechas claramente definidas y con tiempo limitado y pueden estar dirigidas tanto a clientes intermediarios, como también a clientes finales.

Los elementos de la promoción de ventas puede incluir:

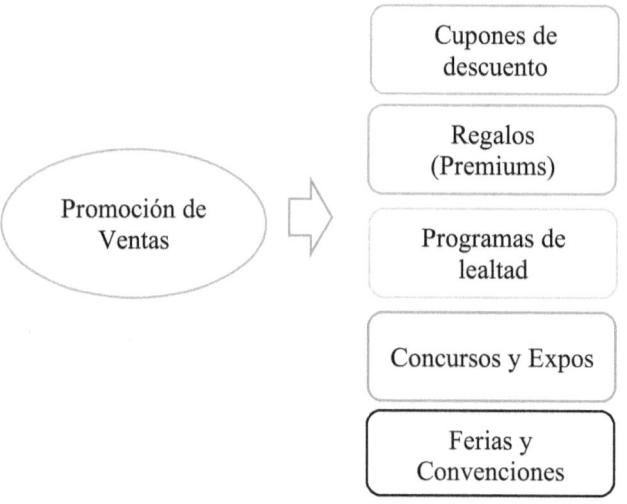

Los Cupones

El objetivo de los cupones de descuento puede ser variado, aunque el objetivo lógico es incrementar el volumen de ventas, también pueden tener como objetivo lograr fidelidad o promover un producto complementario por medio de la venta cruzada (cross-selling). El problema común del uso de los cupones, es sin duda la forma de operarlos y gestionarlos en tiendas por medio de puntos de canje físicos o digitales, sin embargo, en ambos casos se requiere de personal que opere el canje dentro de la tienda o fuera de ella. Muchas veces las tiendas de autoservicio cobrarán un monto por cada cupón por concepto de operación de canje. En el caso del ejemplo de Carnation es de $0.05 pesos por cada cupón canjeado.

Los empaques de los productos pueden ser utilizados para publicitar los cupones y el cliente tendrá que desprenderlo para canjearlo y medir la redención, en el caso de los cupones digitales, muchos de ellos deben imprimir el cupón, otros anotar la clave para posteriormente ingresarlos a un sistema, sin embargo, de una u otra manera es un mecanismo que podría ser difícil de operar ya que como se mencionó requiere de tiempo y recursos, tanto materiales, como humanos y financieros.

Los cupones de descuentos

Fuente: Sams Club Mèxico

Fuente: Nestlè

Mixta: Cupones + descuentos

Fuente: Oxxo (FEMSA Comercio)

En algunos casos los cupones se ofrecen de forma cruzada para aplicar una promoción 2X1, sin embargo, los anterior puede resultar incómodo para el cliente al tener que bajar el cupón y presentarlo en la tienda, en muchas ocasiones es más fácil aplicar la promoción 2X1 directa en caja sin la necesidad del cupón.

La promoción de ventas a cobrado una gran relevancia a partir del crecimiento de los canales modernos, compuestos en la mayoría de los casos por grandes cadenas de autoservicio con sus grandes superficies de ventas y su amplia cobertura, en este sentido no es raro el pensar que los costos que tendrían que sufragar estas tiendas sería carísimo, debido especialmente a tener personal de ventas en cada uno de los anaqueles en los diferentes departamentos dentro de la tienda.

Algunos estudios de PROFECO demuestran que el 20% de las compras en los autoservicios se realizan por impulso, sin embargo otros estudios han demostrado que, de manera general, casi el 70% de las compras no son planeadas, en este escenario no es raro que los productos dependan no solo de los vendedores, promotores, sino también de una buena y atractiva exhibición en el punto de compra (anaquel).

Los premios:

Consiste en incluir artículos promocionales (Juguetes coleccionables, artículos promocionales, productos para el hogar, algunos productos complementarios que se encuentran vinculado con el producto principal y que regularmente requieren tickets de compra, fichas, tapas, cupones, etc., para recibirlos.

En algunas ocasiones los premios se empacan de manera simultánea en forma de "oferta armada" con el producto principal y que no necesariamente necesita pago adicional sobre el precio regular del producto.

Ejemplos podrían ser: *"En la compra de un café, recibe gratis una dona de chocolate"*, *"En la compra de una pasta dental, recibe un cepillo dental"*

Los descuentos:

Los descuentos, no son una herramienta que deba usarse de forma indiscriminada, ya que puede erosionar el valor de la marca en el mediano y largo plazo, ¿Qué pensaría de un producto que siempre se encuentra con descuento? ¿Le daría desconfianza? ¿Se preguntaría por qué se encuentra en constante descuento? La promoción de ventas es especialmente útil ante la falta de movimiento en los inventarios por falta de ventas, pero también es muy útil cuando se realiza en combinación con los clientes intermediarios en eventos especiales de las tiendas, como por ejemplo en México: *"Julio Regalado" "Miércoles de Plaza" "El buen Fin" "Black Friday" entre otros.*

Algunos descuentos que son comunes pueden ser:

Fuente: Oxxo (FEMSA Comercio)

2X 1 En la compra de un producto llévate dos, lo anterior representaría un 50% de descuento, por ejemplo si el producto vale $70.00 y llevara 2 el precio regular sería de $140.00, entonces: $70.00 /$140 =0.50 x 100-100 = -50%, a diferencia de solo realizar un 50% de descuento, esta promoción tiene el objetivo de vender 100% más al comprar 2 productos en lugar de uno por cliente.

Fuente: Soriana

3x2 Paga 2 productos y llévate 3, esto representaría un 33% de descuento, por ejemplo: si el producto tiene un precio unitario de $20.00, el monto por adquirir 3, sería de $60.00 y de dos productos lógicamente sería $40.00, entonces: $40.00 /$60.00=0.66 x 100-100= -33%
En definitiva, siempre tendrá un mayor impacto el 3x2 que un 33% de descuento directo, además que el objetivo es incrementar el volumen de ventas un 100% pasando de un producto por cliente a dos productos por cliente.

Los programas de lealtad

El objetivo de los programas de lealtad es logar una fidelidad autentica de los productos y marcas de un fabricante, ya que después de todo es mucho más fácil y menos costoso mantener los clientes que hoy tiene la compañía, que atraer nuevos clientes, aunque también para esto último son útiles los programas de lealtad.

De acuerdo a estudios realizados por Nielsen 8 de cada 10 clientes a nivel internacional prefieren marcas que cuentan con programas de lealtad y por el lado del fabricante, los programas de lealtad permiten incrementar la recompra del mismo producto o de otros productos y versiones de la compañía incrementando el volumen de compras, reduciendo los tiempos de recompra y en muchas ocasiones elevando la participación de mercado.

Entre los programas de lealtad más comunes se encuentran:

- Las tarjetas de cliente frecuente
- Las tarjetas de monedero electrónico
- Las tarjetas de acumulación de puntos y recompensas

-Los sistemas de acumulación de puntos

El objetivo es que los clientes obtengan premios por realizar sus compras en algún establecimiento o con alguna tarjeta de crédito específica, el éxito de este tipo de programas radica en la facilidad y la claridad con la que se entienda la mecánica con la cual opera el sistema, en otras palabras, ser claro acerca de cómo ganar los puntos, cuanto valen los puntos, que premios pueden ganar con los puntos acumulados y por supuesto hacer fácil que reciban las recompensas.

-Programa de niveles o escalera

Los clientes van "subiendo" diferentes niveles, al principio las recompensas son pequeñas, sin embargo, al cabo del tiempo, estas recompensas van subiendo de nivel. Estos programas de lealtad se usaron mucho en sistemas multinivel, en donde de acuerdo al incremento de los niveles de consumo, a los clientes y otros participantes se les asignaba una condecoración para convertirse en "cliente diamante", los bancos aplican este mismo tipo de programas por el tipo de tarjeta o de cuenta haciendo a sus clientes "cliente preferente"

Para lograr éxito en este tipo de programas, se debe cuidar la percepción de los clientes de "menor nivel" en cuanto a la percepción de que el programa es discriminatorio.

-Programas de descuento por frecuencia de compra

Las empresas ofrecen descuentos a los clientes frecuentes por la compra de un producto específico o compras generales, son fáciles de operar a través de una tarjeta de descuento y es muy común verlas en farmacias de cadena o de laboratorios farmacéuticos en las categorías de medicamentos para enfermedades crónicas.

Fuente: Liverpool, American Express, Farmacias del Ahorro

-Ferias, Expos, Congresos

Las ferias, expos, e incluso los congresos son eventos de marketing muy útiles cuando se requiere promover la marca y productos de la compañía, de hecho algunas de estas ferias al ser de gran prestigio agregan de forma directa valor a la marca que se presenta en ellas, al mismo tiempo permite crear relaciones con clientes, obtener nuevos clientes y otros participantes de la industria, incluso proveedores de diversos servicios complementarios para el negocio como: distribuidores, servicios logísticos, publicitarios, marketing entre otros, en pocas palabras es un gran escaparate para dar a conocer la marca. Sin embargo, la organización de una feria o el simple hecho de asistir a una, implica una gran cantidad de trabajo y procesos, desde rentar el espacio dentro del lugar en donde se llevará a cabo, hasta muchas veces invertir grandes cantidades de presupuesto en los "stand", "mercancía de exhibición" "demostraciones" "degustaciones" "edecanes". Así como la reserva de hoteles, transporte para los ejecutivos y representantes de ventas y muchos otros detalles de la logística del evento.

Particularmente es importante consideras lo siguiente:

-Contar con el presupuesto suficiente para cubrir la asistencia de los participantes

-Inversión económica y en entrenamiento del equipo de ventas protocolizado para atender a los clientes en la conferencia o en el centro de exposiciones

-Campañas de publicidad "online" "offline" para dar a conocer el evento

-Inversión en materiales impresos de alta calidad y muchas veces "gran formato"

-Inversión en artículos promocionales como obsequios a los asistentes
No todos los productos son indicados para todas las ferias y expos, por los anterior es muy importante que siempre se asista a aquellas que se encuentren en la industria en donde la marca compite, esto te permitirá crear una base de datos de clientes más robusta debido a los clientes que vistan tu stand de exhibición.

De la misma forma que las expos y ferias nos proporcionan grandes beneficios, también es cierto que siempre existen riesgos que se deben o no asumir, por ejemplo:

1-Los tiempos de planeación para una feria o expo, deben ser al menos 6-8 meses de anticipación

2-Normalmente requiere de una gran cantidad de recursos (materiales, económicos y humanos) los cuales podrían no recuperarse en relación con la inversión.

3-Los competidores podrían tener grandes presupuestos y stands con mayor exposición

4-Elegir una feria o expo que no es directamente de la industria adecuada
En México, las ferias más importantes en productos de consumo y retailers son:

-Expo ANTAD en Guadalajara
-Expo Walmart Ciudad de México
-Expo Soriana -Commex (Querétaro)
-Expo Tu Bebé y tú
-Feria Ganadera de San Marcos
-Feria del Calzado en León
-Feria del libro Guadalajara

Expo Walmart Centro Banamex, Qualtia Alimentos.

Seis consejos para diseñar una promoción de ventas

De acuerdo a la escuela de negocios de Harvard, existen algunos consejos que podrían ser útiles al tratar de implementar una promoción de ventas, estas son:

1-Utilice las promociones de ventas combinadas con la publicidad, por ejemplo, combine un descuento en precio con un anuncio que destaque los atributos del producto en el lugar de compra. también si está comercializando el producto para empresas a través de exhibiciones comerciales o convenciones, combine los anuncios en carteles incluyendo concursos de ventas para los representantes de ventas con la finalidad de lograr un mayor impacto.

2-Los objetivos para promociones de ventas suelen variar de acuerdo al mercado objetivo a lo cual se están dirigiendo, si su objetivo son las cadenas comerciales (minoristas) convénzalos de llevar los nuevos productos de la firma, con el objetivo de lograr más inventario, a fin de promover las compras fuera de temporada o contrarrestar las promociones realizadas por los competidores.

3-Saber diferenciar entre promociones de basadas en precio y promociones de valor agregado, es decir las promociones de ventas demasiado frecuentes pueden erosionar el valor de marca en el tiempo, por lo que se recomienda no utilizarlos de forma intensiva y asegurarse que cualquier promoción eleve la imagen y posicionamiento de la marca.

4-Evaluar y seleccionar las herramientas de promoción adecuadas, estos pueden ser premios para los concursos de ventas, publicaciones, material POP, videos, carteles entre otros materiales, vender mas productos a los clientes actuales y establecer un plan de educación a los clientes acerca de los atributos del producto.

5-Es muy importante utilizar las promociones de ventas cuando existen en la categoría muchas marcas competidoras y en donde los clientes son proclives a cambiar de marca fácilmente, debido a estrategias como: descuentos, premios y otro tipo de promociones, en otras palabras, se tendrá un mayor impacto cuando se utilizan incentivos en mercados o categorías con una alta diversidad de marcas.

6-Finalmente es importante realizar pruebas piloto a manera de pequeños ensayos, con la finalidad de determinar si las herramientas promocionales que ha seleccionado son adecuadas y provocarán la respuesta en ventas deseada y si los costos no serán excesivos para la empresa

Capítulo 3
Estrategias de Merchandising

La palabra Merchandising tiene su origen anglosajón de la palabra *Merchandise,* cuyo significado es "Mercancía", la terminación *Ing.*, expresa la acción de comercializar las mercancías.

La American Marketing Association (AMA) define al Merchandising como un conjunto de técnicas a nivel de los minoristas en cuanto a la exhibición, visualización, con el objetivo de inducir la acción de compra por parte de los clientes y consumidores, mediante la planeación involucrada en la comercialización de las mercancías en los lugares correctos, en el momento adecuado, en las cantidades solicitadas y con el precio correcto.

Otras definiciones pueden ser:

El merchandising es un conjunto de técnicas que coadyuvan a ofrecer de la mejor forma posible un producto, tanto en el punto de venta (POS), como también en el punto de compra (POP) e incrementar la rentabilidad de ambos puntos.

El merchandising se podría definir como: "El conjunto de técnicas que se aplican en el punto de venta, para así motivar el acto de compra de la manera más rentable, tanto para el fabricante como para el distribuidor, satisfaciendo, de esta forma, las necesidades del consumidor" buscando siempre la optimizar la ubicación de los productos y marcas dentro de la tienda y considerando una serie de variables como: Lugar, Tiempo, Cantidad y el diseño , dimensiones en la arquitectura del punto de venta.

Los objetivos del merchandising pueden incluir:

  -Vender, sin necesidad de un personal de Ventas en el punto de compra
  -Aumentar la rentabilidad en el punto de compra
 -Estimular la compra en el punto de compra
- Incrementar la rotación de productos.
- Reducir de forma considerable los tiempos de compra.
- Aprovechamiento de las dimensiones del punto de compra
- Crear una adecuada comunicación integral en el punto de venta.
-Lograr espacios preferenciales de exhibición dentro del anaquel (Frentes)
-Destacar la marca diferenciándola en la exhibición de las marcas competidoras
-Mejorar la rentabilidad del punto de compra
-Incentivar las compras por impulso

Para lograr lo anterior las técnicas de merchandising pueden incluir la colocación, exhibición, análisis de rotación estratégica del producto dentro de la tienda, dependiendo de su categoría y el tipo de consumidor y cliente al que vaya dirigido, dichas decisiones pueden ser programadas por los fabricantes y/o por las mismas tiendas minoristas que ofrecen gran cantidad de productos dentro de una categoría especifica de productos y marcas.

Sin embargo, las actividades de merchandising son actividades compartidas entre el fabricante y los intermediarios, por lo que tenemos que mencionar que existen dos tipos de merchandising:

1-Merchandising de Presentación

El merchandising de presentación tiene como objetivo incentivar las compras de los clientes mediante la excelencia en la presentación de los productos en el anaquel, también llamados *lineales los cuales están determinados por el Lay Out de la tienda*

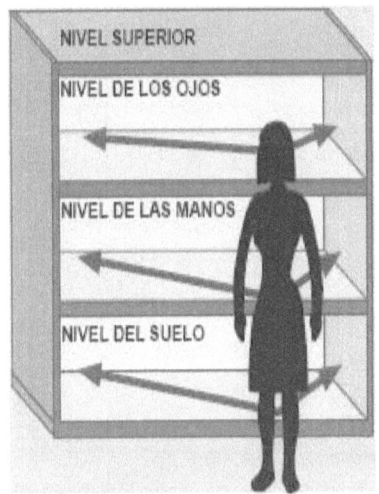

Fuente: Merchandising: El lineal y el espacio de exposición de productos

-Nivel de los ojos: Generalmente se encuentra situado entre 1.25 – 1.60 centímetros, tratando de aprovechar la estatura de los consumidores a la altura de los ojos, es decir estos productos y marcas serán los primero que observe el consumidor en el punto de compra e incentivará la compra por impulso. *(Se denomina también zona caliente o fuerte)*

-Nivel de las manos: Situados aproximadamente entre los 0.80 – y 1.25 centímetros del suelo y cuyo objetivo es el de facilitar el producto justamente a las manos de los clientes y consumidores, de tal forma que no requiera mayor esfuerzo para tomarlo y colocarlo en el carrito de compras, por lo regular se colocan productos de alto margen de utilidad, pero que no tiene una rotación adecuada, en este sentido pueden usarse materiales punto de compra para incentivar la compra. *(Se denomina también zona caliente o fuerte)*

-Nivel a la altura del suelo: Los productos de colocan casi a nivel del suelo, aproximadamente a 80 centímetros de este y el peor espacio dentro del anaquel para exhibir un producto, especialmente por la poca visibilidad que representa, se recomienda siempre

colocar productos que son imprescindibles para el consumidor y cuyo volumen y peso sean superiores al resto de los productos. (por ejemplo: La arena para gato o alimento para perro) *(Se denominan zonas frías o débiles)*

-Nivel superior: *Ubicado a más de 1.70 centímetros* y que se encuentra por arriba de los ojos y fuera del alcance de las manos de los clientes, generalmente es utilizado para colocar "copetes" u otros materiales de alto impacto tipo POP y también sirve como almacén para productos que se exhiben en niveles inferiores para su resurtido. *(Se denominan zonas frías o débiles)*

Ejemplo 1 del nivel superior utilizado como "bodega" para remplazar la mercancía.

Ejemplo 2 del nivel superior utilizado como "bodega" para remplazar la mercancía.

Ejemplo 3 del nivel superior en una cabecera utilizada con un "copete" preciador en Walmart.

2-El merchandising diseñado por el productor / fabricante

En donde este, diseña los materiales necesarios tomando en consideración las dimensiones de exhibición de las tiendas y el impacto que estos materiales de exhibición tienen en el comprador o consumidor final.

Podríamos definirla también como el conjunto de actividades, generalmente tipo Below The Line (BTL) que los productores realizan en el punto de venta /punto de compra, con la finalidad de incentivar las ventas de sus marcas y productos en el establecimiento y pueden incluir actividades como:

1-Elaboraciòn de materiales publicitarios para el punto de compra (POP)
2-Exhibiciones/ Demostraciones colocadas por parte del productor
3-Degustaciones
4-Rifas y Concursos
5-Muestras
6-Cambio de cupones

2-El merchandising diseñado por el minorista

La tienda buscará incrementar la oferta y rentabilidad de aquellas marcas que tengan mejor posicionamiento o rotación dentro del establecimiento con la finalidad de lograr una mejor rentabilidad de los muebles y espacios dentro de la tienda.

Algunos intermediarios comparten la información con sus proveedores (productores) mediante un software, en el caso de Walmart Stores, el Retail-Link permite crear reportes para la gestión de los productos en tienda.

Fuente: Walmart- Retail-Link.

Entre las técnicas específicas que realiza el minorista o distribuidor, se encuentran:
-Medir la rentabilidad por rotación
-Orientación para lograr mayores márgenes y descuentos
-Determina el surtido y abastecimiento
-Optimiza los niveles de stock
-Mide las frecuencias de venta y rotación de inventarios
-Pronósticos de venta
-Distribución de órdenes de compra
-Evaluación del nivel de servicio y tiempos de entrega

Actividades del Merchandising del Fabricante y Distribuidor

Fabricante	Distribuidor
Diseño de empaque de alto impacto	Desarrollar ambiente agradable en la tienda
Diseño y elaboración de material POP	Diseño "vendedor" en el exterior e interior d ela tienda
Supervisar y contratar personal para demostración	Desarrollar un Layout estratégico dentro de la tienda
Negociar equidad en los espacios de los lineales	Ubicar de forma estratégica los anaqueles
Negociación cordial con el personal operativo de la tienda	Gestionar el adecuado surtido de la tienda
Establecer relaciones de largo plazo con los compradores	Generar mayor rentabilidad de los espacios
Supervisar el trabajo de merchandising dentro de la tienda	Diferenciación y posicionamiento de la tienda
	Establecer relaciones cordiales y justas con los proveedores

-Ubicación física dentro la tienda (Lay Out)

Las tiendas manejan cierta superficie con cierto número de metros cuadrados, lo anterior tiene un efecto sobre las dimensiones de los anaqueles y por supuesto en la cantidad de marcas y productos que se pueden exhibir en ellos, es por esto que los planogramas de productos deben ser claramente definidos entre el minorista y el fabricante.

Dentro del Lay-Out o plano de la tienda se encuentran distribuidos los diferentes áreas de venta, que incluyen un número determinado de anaqueles para cada una de ellas, por ejemplo: Tendremos el área de congelados y refrigerados con las diferentes categorías y marcas de leche fresca y sus diferentes presentaciones, mientras que en el área de abarrotes podemos encontrar las leches ultra pasteurizadas (aquellas que no requieren refrigeración), ambos departamentos tienen jefes de piso y responsables diferentes.

Sin embargo, no todas las áreas de venta dentro de la tienda tienen la misma capacidad para generar ventas y los responsables del mercadeo, tienen ciertas reglas que seguir de carácter empírico, como es la regla 4,3,2,1, en donde si la superficie total del establecimiento se dividiera en 4 partes (25% para cada cuadrante) se repartirían en 40% 30%, 20% y 10% de las ventas para cada cuadrante, en resumen, existen *zonas "fuertes" y "débiles"*

Ejemplo de una superficie dividida por la regla 4,3,2,1

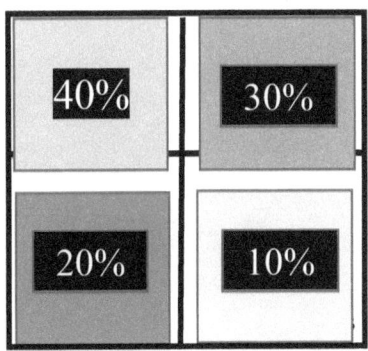

Ejemplo de un Lay-Out de las tiendas Walmart Supercenter. (E.U.A)

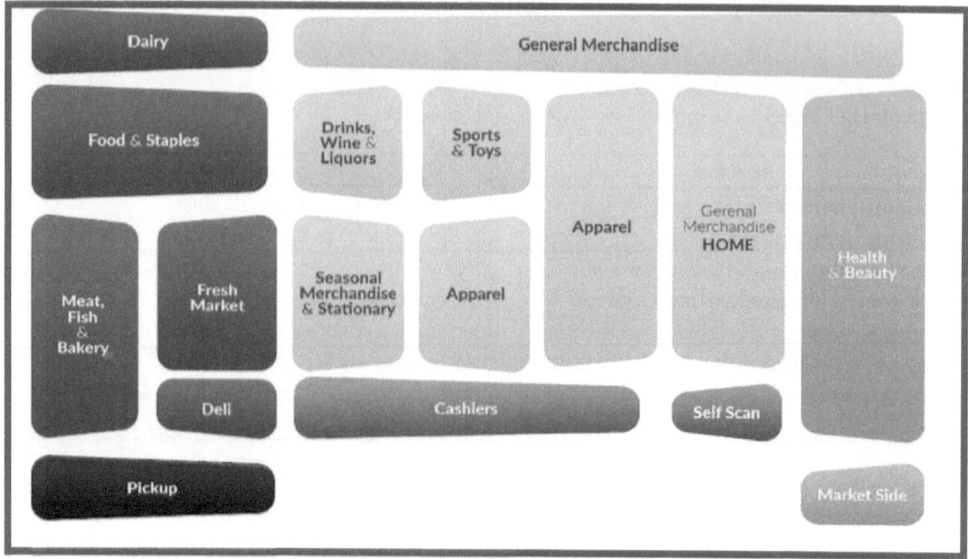

Fuente: Walmex https://www.walmex.mx/en/our-company/business-formats/hipermercados/walmart/omnichannel/layout/

Puntos Calientes (Fuertes) y Fríos (Débiles)

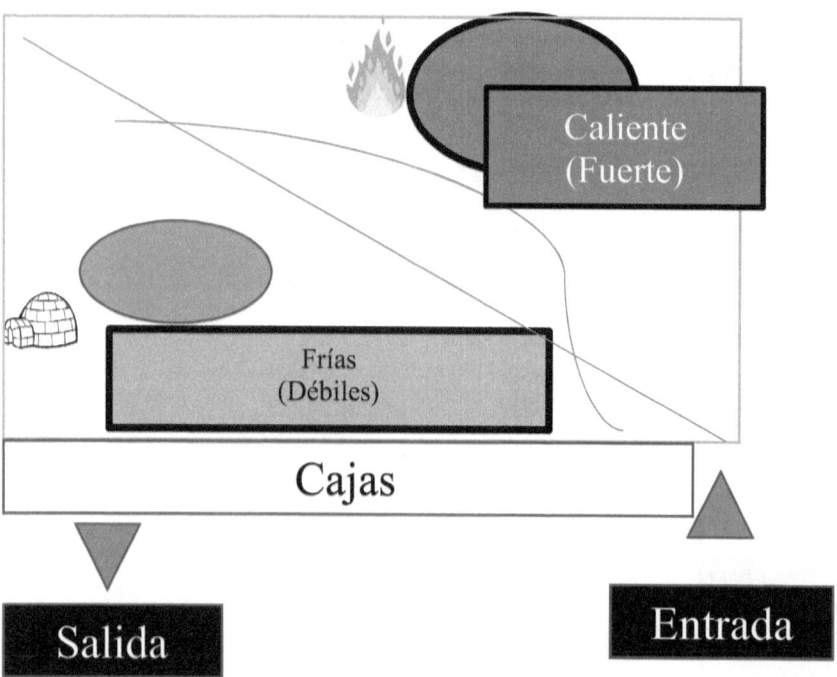

Zonas fuertes (calientes) Son los espacios dentro de la tienda que tienen un importante flujo y concentración de personas, denominadas también zonas "calientes", los cuales son los que se encuentran con una mayor visibilidad para los clientes, las zonas fuertes pueden incluir:

- *Anaqueles que se encuentran a la derecha del cliente (Góndolas)*
- *Muros Frontales*
- *Las cajas en el autoservicio*
- *El área de frutas y verduras*
- *Los productos ubicados a la altura de los ojos dentro del anaquel*
- *Cruze de pasillos en el autoservicio*
- *Cabeceras de anaquel*

Las zonas fuertes o calientes pueden incluir productos como: Panadería, Salchichería, Lácteos, Carnes, productos de limpieza y cajas.

Zonas débiles (frías) Son los espacios con menos calidad en cuanto a rendimiento, flujo de personas, cercanos a la entrada, con anaqueles situados a la izquierda de los clientes, los cuales pueden incluir:

- *Pasillos sin salida o arrinconados*
- *Ubicación demasiado alto o demasiado bajo en el anaquel*
- *Anaqueles colocados en ángulo*
- *Anaqueles en pasillos centrales*
- *Zonas que se encuentran con poca iluminación*

Lo normal es que se fortalezcan las zonas débiles con ofertas "especiales" de grandes descuentos, servicios adicionales como fotografía, dulces u otros productos por impulso, también se recomiendan las ventas cruzadas, como las botanas con la zona de bebidas alcohólicas o colocar el pan, cerca del área de salchichonería.

Ejemplo de una zona fría dentro de una tienda, (nótese los muros y esquinas sin salida y arrinconados) esta zona se caracteriza por el poco flujo de personas, en esta zona se encuentran los artículos de decoración para el hogar y blancos.

Merchandising en el tiempo:

Son las condiciones estacionales de los minoristas, es decir, las épocas del año en donde se comercializan productos de temporada, algunos de ellos de "entrada por salida" "In & Out",(Día del amor y la amistad, Navidad, Día de Muertos, Halloween, etc.; también se emplea el merchandising de las "Ventas Nocturnas" o en el lanzamiento de nuevas marcas y productos al mercado.

La gestión del Merchandising

Las tiendas de autoservicio, departamentales, conveniencia y otros minoristas han evolucionado en el tiempo y hoy se consideran "canales modernos" y como ya lo hemos mencionado ya no solo se limitan a comprar y vender productos, mas allá de eso, se han convertido en verdaderas "máquinas de hacer dinero" lo cual implica medir de forma constante la rentabilidad de los espacios de las tiendas con la finalidad de competir en un entorno híper-competido.

Para lograr este fin, se han desarrollado un gran número de técnicas e instrumentos que ayudan a la puntual gestión del merchandising, entre los que podemos encontrar:

-*Category Management (CATMAN):* La administraciòn por categorías, es una metodología que evalúa a cada una de las líneas de productos como si estos fueran unidades de negocios independientes y siempre implican un cambio de paradigma en los procesos de evaluación dentro de las organizaciones y por supuesto en la cultura organizacional, tanto de los fabricantes, como también de los intermediarios minoristas.

Cuando hablamos de categorías, hablamos de las categorías de "mermeladas", "Vinos y Licores", etc. Estas categorías están conformada por todas las marcas competidoras en cada categoría y que satisfacen necesidades particulares.

Entre las actividades que se evalúan se encuentran:

a) La administración de los inventarios
b) La mejora de la rentabilidad
c) El servicio al cliente y nivel de surtido
d) Incrementar el consumo y la participación de espacios en el anaquel

El análisis de datos en forma regular de cada categoría proòrciona información útil acerca de los cambios en el comportamiento del shopper o cliente en cuanto a sus hábitos de compra y preferencias y responden preguntas como: ¿Cómo compran?, ¿Cuándo compran?, ¿En dónde compran?, ¿Con que frecuencia compran? Entre otros datos.

Dentro de la evaluación, también se incluye la medición constante acerca de los productos y las marcas propias y de la competencia; Información acerca de punto de venta, precios, así como márgenes, elasticidad de los precios y rotación.

Algunos ejemplos de herramientas tecnológicas más utilizadas por los CATMAN son:

-*Scanner:* Las ventas detectadas por los scanner en las cajas de cada producto a través del código de barras.

-*Spaceman:* Es un software para integrar la información de los espacios en anaquel, precios, promociones y el análisis de profundo de los consumidores con el objetivo de desarrollar mejores planes estratégicos de comercialización en las categorías en góndolas y es muy útil para los expertos en "Visual Merchandising"

Ejemplo de una pantalla del software "Spaceman"

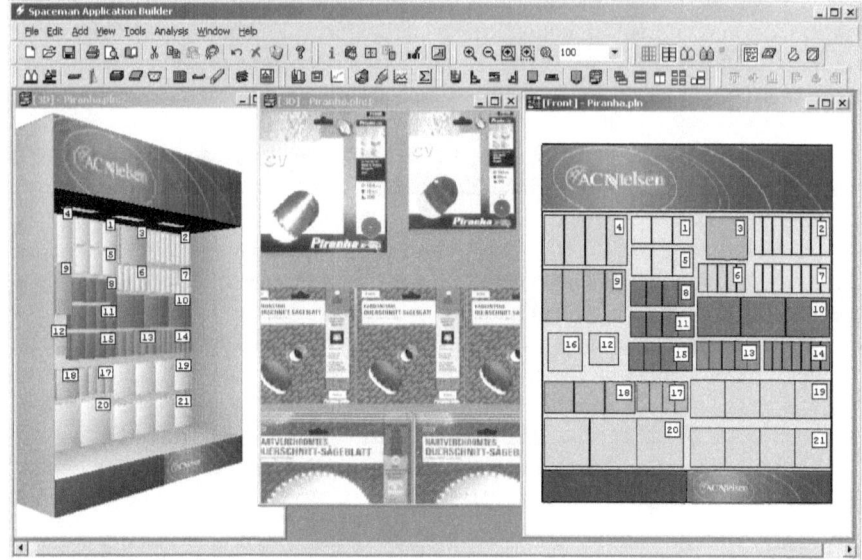

Fuente: MarketingBrandin

-Software"Apollo": Es un software que es capaz de analizar el proceso de administración de categorías a través de la gestión del surtido, `la comercialización visual y el planograma del anaquel el cual incluye clustering, surtido, perspectivas de espacio, entre otros. A partir del 2018 se re nombró al software *SR Assortment & Space*.

-Open Catman: Es una herramienta tecnológica que permite visualizar el lineal, a través de la planogramación. El software permite diseñar tu propio espacio de venta dentro del anaquel, cargando el producto de manera gráfica, así como optimizar los espacios definiendo los remplazos necesarios, y la tasa de ventas y rotación de los inventarios los cuales permitan tener siempre bien exhibido el producto, incluyendo el número de frentes (faces), las ventas y la rentabilidad.

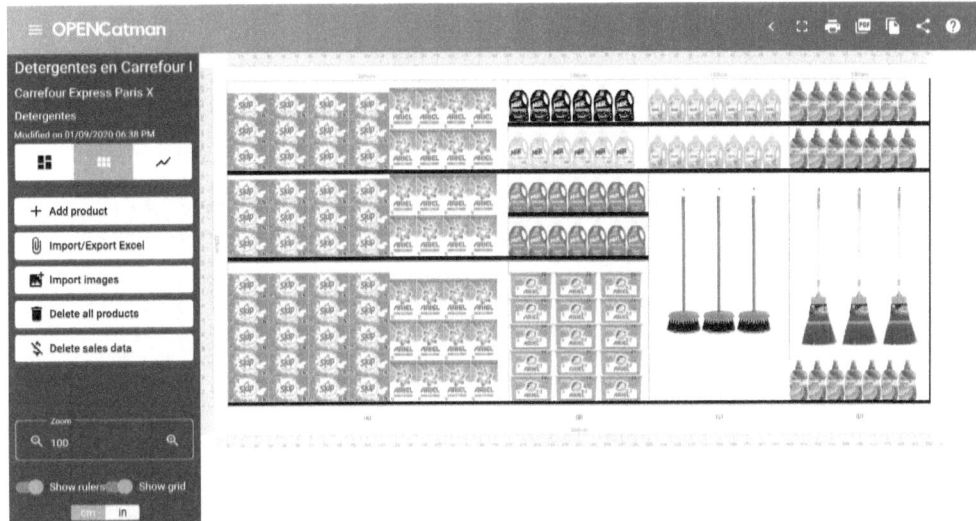

Fuente: openctaman.com

Pueden acceder a link, en la siguiente dirección:

https://www.opencatman.com

Ejemplos de materiales POP y función dentro de la tienda

El material P.O.P. (Point Of Purchase) es todo aquel material que impulsa la publicidad, promoción y ayuda a la exhibición de las marcas, productos y servicios justo en el lugar en donde se venden, su objetivo principal es fortalecer el impacto visual, lograr mayores espacios en el anaquel, reducir los niveles de inventarios, pero aún más importante estimular la compra visualmente aprovechando el impulso, los materiales POP es una excelente alternativa y de relativo "bajo costo publicitario" si se seleccionan estratégicamente las tiendas en donde se desea colocarlas.

Algunos ejemplos pueden ser:

Marco para anaquel.

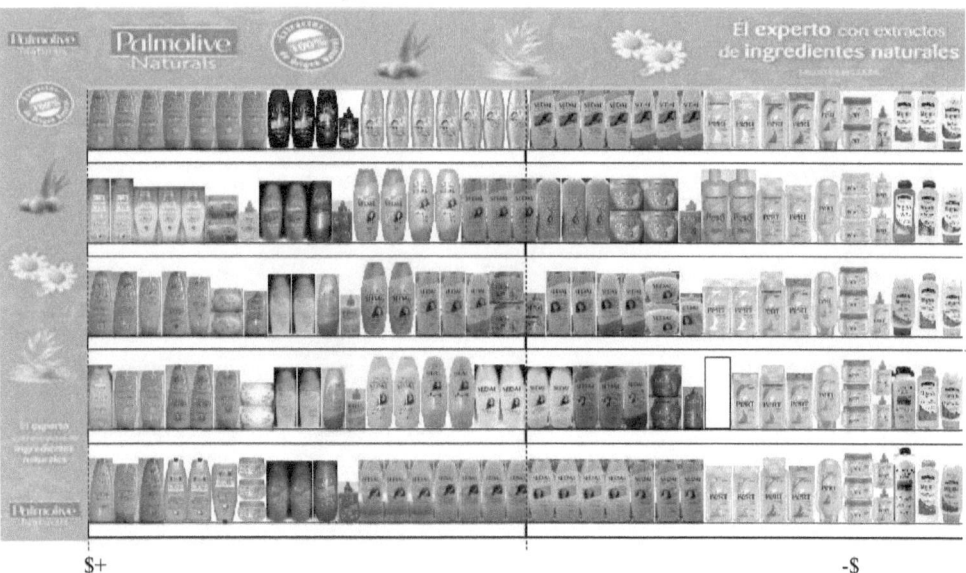

$+ -$

Fuente: Palmolive

40

Copetes

Los copetes y los marcos de anaquel, delimitan de forma precisa los productos y marcas dentro del anaquel y encuadran el área de exhibición logrando que la marca se adueñe visualmente de la categoría. Son importantes ya que ayudan a una rápida ubicación de las marcas dentro del espacio de compra.

Dangler

Fuente: Pepsico

El Dangler tiene como función señalizar el lugar en donde se encuentra el producto y marca en el estante, generalmente se encuentra colocado en el borde de los entrepaños de la góndola y su objetivo es llamar la atención del "shopper" o comprador de una forma atractiva.

Stopper

Stopper Preciador

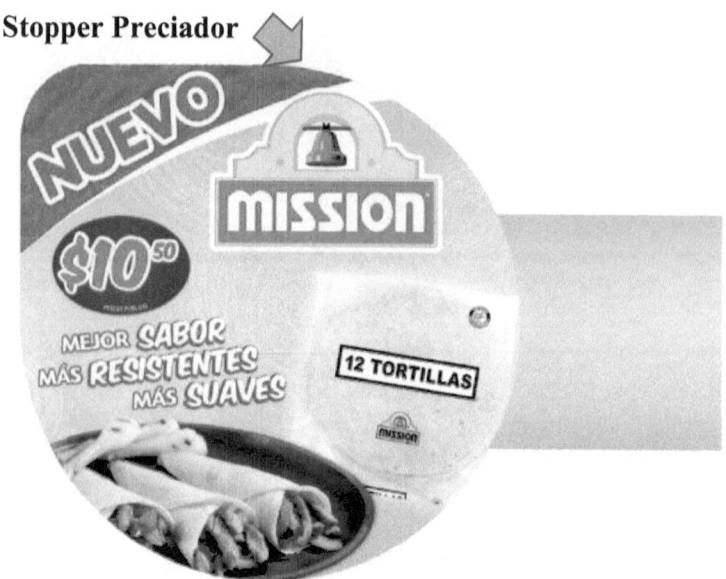

Stopper

Los stopper son elementos decorativos cuya función es atraer al "shopper" o cliente al punto de compra, sin embargo, el stopper es una gran herramienta de comunicación para informar acerca de características del producto o para resaltar alguna promoción de ventas en donde se requiera resaltar el "precio especial" los stoppers también son llamados "Rompe tráfico" ya que detienen por un momento a los clientes en el pasillo en donde se encuentran ubicados los productos.

Cabeceras

Las cabeceras se encuentran en el espacio más "codiciado" por ser "punto caliente" de alto tráfico de personas por el pasillo y mayor rotación de productos, en este sentido, las cabeceras no solo aprovechan la exhibición, sino que también alguna de ellas puede proporcionar extensiones de espacio para los productos en el punto de compra, teniendo como consecuencia mayor venta y espacio de productos y marcas.

Stand Dees

Son materiales que también ayudan a impulsar, informar e impactar al "shopper" de una forma atractiva, sin embargo, su diferencia es que este tipo de materiales permite también la interacción directa con las personas, de hecho, son utilizadas de forma frecuente por las distribuidoras cinematográficas con la finalidad de lograr empatía con el shopper.(Comprador)

Capítulo 4
Indicadores de eficiencia en el merchandising

¿Cómo se mide la eficiencia y eficacia de los materiales POP en el punto de venta?

El merchandising no tiene como único objetivo el hacer ruido en los puntos de venta, sin embargo, muchas veces no se tiene una estrategia clara más allá de llamar la atención y causar impacto, sin embargo, lograr una estrategia a largo plazo, la cual tenga como objetivos:

1- Lograr el reconocimiento de la marca
2- Construir el "Brand Equity" (Log2rar posicionamiento, recordación e imagen)
3- Lograr la concentración de clientes en el punto de compra y de venta
4- Lograr un "boca en boca" positivo "Word of Mouth" (WOM)
5- Lograr la venta
6- Provocar la recompra

De acuerdo a Dagoberto Flores de Berumen y Asociados y (AMAI) las preguntas básicas que debe hacerse el mercadólogo ante las actividades de merchandising son:

¿Cómo saber si soy el mejor en el punto de compra?
¿Còmo saber si tengo la mejor exhibición?
¿Estoy mejorando o empeorando en mi desempeño?

Los indicadores básicos para responder estas preguntas, son una serie de indicadores que funcionarán para conocer el desempeño en el punto de venta y de compra, estos son:

1-Participaciòn de la publicidad en el punto de compra "POP Share of Voice" (POPSOV)

Participación de la publicidad en el punto de compra y es la relación entre la participación de mercado "Share o Marquet" (SOM) y el POPSOV, es decir, en algún momento podría ser mayor el índice de POPSOV que el SOM, en especial cuando el producto o marca es nuevo y el índice publicitario es alto con la finalidad de darlo a conocer, sin embargo, el SOM en etapas tempranas del ciclo de vida del producto puede ser baja ya que los clientes no han probado la marca y sus beneficios.

El índice global de la participación de un producto en el punto de compra (anaquel) representa de alguna manera la efectividad de las estrategias de mercadotecnia en el punto de venta y su desempeño para lograr el incremento en la participación de mercado.

2- Participación del inventario "Share o Inventory" (SOI)

La participación del inventario es el porcentaje de marcas y productos exhibidos en anaquel versus los que se tienen en bodega, el SOI representa de forma muy clara representa la participación de mercado, un ejemplo interesante es el "Share o Cold" (SOC) que es utilizado por las empresas de bebidas, los cuales miden el inventario del producto frio, sin embargo no toman en cuenta el producto que esta en bodega y que por ende no se encuentra al alcance del cliente.

Debido a que el indicador es en términos relativos o porcentuales y no se encuentra expresado en unidades es muy fácil aplicar este indicador sin importar el tamaño del punto de venta.

3-Participaciòn de espacios "Share of Space" (SOS)

La participación de espacios de un producto dentro del anaquel, se calcula multiplicando los metros de alto por los metros de ancho, obteniendo como resultado el área especifica en metros cuadrados que ocupa un producto dentro del anaquel.

Los esfuerzos por ganar espacios dentro del anaquel son prioritarios y muchas veces, incluso de puede pagar dinero para obtenerla, aunque la mejor forma de ganar espacios es a través de las ventas y la recompra del producto, tratando de dominar la categoría, después de todo a nadie le conviene proporcionar espacios a un producto que no se vende.

¿Cómo se mide la efectividad del POP Global?

Para medir la participación de publicidad global en el punto de compra se suman el SOI, el SOS y el POPSOV y se obtiene la suma de los puntos de esfuerzo (PE`s), a continuación se divide cada uno de los factores de esfuerzos de cada uno de los productos y se divide entre el total de PE's y se multiplica en cada caso por 100.

En el siguiente caso, los productos que tienen un mejor desempeño son el "A" y "B", mientras que el "C" se encuentra con desventaja y si estos datos se comparan de forma regular mes, tras mes, podríamos contar con una tendencia en la participación de mercado.

PRODUCTO	%SOI	%SOS	% POP/SOV	PE`s	POGSOV
A	35.00	43	62	140	50.7%
B	25.00	32	26	83	30.1%
C	32.00	18	3	53	19.2%
Total				276	100.0%

Fuente: Datos Diagnósticos Tendencias (AMAI)

¿Cuál es la marca con mejor desempeño y cual con mayores desventajas?

Marca/Producto	%SOI	%SOS	% POP/SOV	PE`s	POGSOV
Zest	23.00	21	62		
Palmolive	21.00	32	20		
Escudo	43.00	32	3		
Total					

Marca/Producto	%SOI	%SOS	% POP/SOV	PE`s	POGSOV
Zest	**23.00**	**21**	**62**	**106**	**41.2%**
Palmolive	21.00	32	20	73	28.4%
Escudo	**43.00**	**32**	**3**	**78**	**30.4%**
Total				257	100.0%

R= Zest es la marca con mejor desempeño publicitario y Palmolive el que tiene mayor deseventaja.

Capítulo 5
Las estrategias de Relaciones Públicas

Las relaciones publicas resultan una herramienta muy útil cuando se quiere mejorar la imagen y la relación positiva de las empresas, marcas y sus clientes reales y potenciales a través de la construcción de una buena reputación, también las relaciones públicas sirven para salvaguardar la imagen de la empresa ante una eventualidad o crisis.

Las herramientas para lograr lo anterior son muy variadas, pero mencionaremos algunas de las más importantes:

-Publicity:

Comúnmente confundida con "Publicidad", en este sentido "Publicity" tiene como objetivo fortalecer el "boca en boca positivo" en otras palabras que las personas hablen de forma positiva de la marca o del producto sin un pago directo por ello.

Algunas veces es conveniente acercarse a alguna ONG (Organización no Gubernamental) o apoyar alguna ONL (Organización No Lucrativa) y apoyarla de forma sincera con donaciones, en este sentido algunas plataformas de e commerce on line como Amazon o eBay permiten apoyar diversas causas por medio de los productos que las personas venden en la plataforma.

Ciertamente el Publicity no es pagada, al menos de forma directa a algún medio publicitario, aunque para que exista la recomendación positiva se requiere un detonador para lograrla, es decir, puede ser una figura pública, un líder de opinión, influencer o simplemente un cliente satisfecho, en otras palabras, no es totalmente gratis requiere inversión en recursos materiales, financieros, al menos de forma indirecta.

Los ejemplos son muchos: Algunas películas y series por "streaming" generan buenos comentarios por parte de los espectadores y recomiendan asistir al cine o sintonizar la serie.

Para generar la recomendación positiva entre los clientes actuales y los clientes potenciales se requiere provocar experiencias positivas de forma regular y si es posible antes de la compra, durante la compra e incluso después de la compra, en este sentido entre mas frecuentes y positivas sean las experiencias producidas al cliente, mayor será la recomendación positiva y como consecuencia la recompra y la generación de lealtad.

Fuente: Netflix

Stranger Things la serie por streaming de Netflix es un fenómeno por muchas razones, no fue en su momento una de esas series con millones de impactos publicitarios, anuncios espectaculares, vallas, ni gran promoción durante la primera temporada, sin embargo, se hizo popular debido *a la recomendación de boca en boca* y durante el 2019 se convirtió en la serie más vista en Netflix en toda la historia.

-Embedded Stories y Product Placement

Embedded Stories, Literalmente significa "una historia dentro de otra historia", también se le conoce como "product placement" (colocación de producto) y consiste en colocar un determinado producto dentro de una película, serie o programa de televisión, de forma muy sutil, sin que necesariamente se perciba como un anuncio publicitario y más bien busca ser percibido como otro "actor" importante dentro de la trama del programa o película, es decir es "protagonista" también.

Es el caso del famosísimo "Wilson" la pelota que se convierte en el compañero "inseparable" de Tom Hanks en la película "El Náufrago", o los famosos tenis automáticos Nike en la película icónica "Volver al futuro" en donde los tenis juegan un papel importante para el personaje Marty McFly.

Fuente: **Sensacine: Nike** en _Regreso al futuro_, FedEx, *El Náufrago.*

El concepto de "embedded stories" es ligeramente diferente al de "product placement" en donde el producto solamente aparece de forma sutil, pero no juega digamos un papel relevante en la trama de la película o programa como en los casos anteriores.

-Programas de educaciòn al cliente

Durante los últimos años la educación al cliente se ha convertido en una herramienta de vínculo entre las marcas y los clientes, los cursos, las academias, la capacitación a los clientes son herramientas fundamentales para incrementar el valor de las marcas.

De acuerdo a Eduardo Conrado, Chief Marketing Officer de Motorola y uno de los autores del del artículo " Rethinking marketing mix" del Harvard Business Review, en donde resalta la importancia de la educación al cliente como una herramienta que incluso supera a la promoción en su efectividad. Desde su punto de vista proporcionar información relevante y de acuerdo a sus in tereses a los clientes actuales y potenciales es una gran forma de crear "familiaridad" y "confianza" incluso antes de que la compra se lleve acabo.

Algunas empresas han utilizado la educación a través de la creación de sus propias academias y sus propios procedimientos y herramientas educativas, en este sentido existen bastantes ejemplos que nos ayudaran a entender cómo opera la educación al cliente:

Google: Google tiene su propia academia, la cual acerca a través de universidades, Empresas, e incluso en sus propias instalaciones, con la finalidad de capacitar, tanto a profesores como a los alumnos en la forma de utilizar la publicidad a través de este motor de búsqueda y enseñar la forma de medir mediante Google Analytics los resultados de las campañas publicitarias; Al finalizar la capacitación Google entrega sus propios certificados de aprovechamiento de los cursos y logra dos objetivos fundamentales: acercar a los clientes potenciales a la plataforma publicitaria de Google y crear un vinculo directo entre la compañía y sus clientes potenciales, para que en adelante se conviertan en clientes nuevos.

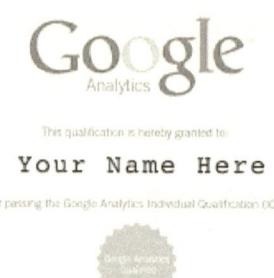

Fuente: Google : https://support.google.com/google-ads/answer/7539883?hl=en

La firma de motocicletas Harley Davidson ha captado un nuevo segmento a su mercado: Las mujeres, quienes no eran parte de su publico objetivo originalmente y desarrolló su propia academia de manejo para su nuevo público, de la misma forma que Google, Harley se acerca de forma directa a sus nuevos clientes, generando confianza y provocando una empatía de largo plazo por la marca y de hecho produciendo nuevos "evangelistas para la marca"

Fuente: Harley Davidson

-Patrocinios

Es una herramienta de marketing, utilizadas por empresas en donde una firma aporta recursos (monetarios o en especie) para un evento específico a cambio de reconocimiento, los patrocinadores pretenden asociarse con eventos y proyectos que vayan de acuerdo al público objetivo que la marca busca.

Supongamos que Coca-Cola decide apoyar económicamente una serie de conciertos a cambio de que su publicidad aparezca sobre el escenario o en las entradas del estadio en donde se realizaran los eventos.

Otro ejemplo es Nike, que fue patrocinador de la copa del mundo Brasil 2014, sin embargo, lo anterior no significa necesariamente que los deportistas o la FIFA recomienden usar Nike o Adidas, por el contrario, ambos rivales se benefician de la exposición que sus marcas tienen durante el evento, en este caso Nike y Adidas invierten dinero y a cambio publicitan su marca a nivel mundial.

Fuente: Engagement Labs.

-Endorsement (Aprobación)

El endorsement o recomendación es mucho mas personal, implica la aprobación o recomendación por parte de una figura pública (real o ficticia) , líder de opinión, personalidad o "influencer" o incluso asociación que sugiere o recomienda un producto o una marca en específico.

Por ejemplo, Michael Jordan-Nike y el valor proviene de la influencia del deportista en la generación de ventas para la marca por medio de la recomendación, sin embargo, el atleta no podría ser respaldado, ni respaldar a otra marca mientras el convenio se encuentre vigente ya que podría ser un conflicto de intereses. Los acuerdos de recomendación deben ser transparente para los clientes.

53

Desde hace muchos años la marca de relojes de alta gama "Omega" ha utilizado las estrategias de Endorsement de algunos personajes ficticios como: El agente 007, pero también ha sido el reloj de la misión espacial Apollo 11 que puso a los primeros hombres en la luna, el "speedmaster" fue el reloj de Neil Armstrong y Buzz Aldrin hace 50 años y el único reloj aprobado por la NASA para viajar al espacio.

Fuente: Monochrome-watches.
https://monochrome-watches.com/exclusive-truth-real-armstrong-aldrin-speedmaster-references-how-omega-speedmaster-became-moonwatch/

Capítulo 6
El Proceso de Ventas

La American Marketing Association (AMA) define a las ventas como el proceso personal o impersonal por la que el vendedor comprueba, activa y satisface las necesidades del comprador para el mutuo y continuo beneficio.

El proceso de ventas cuenta con los siguientes pasos:

1.-Prospección de clientes potenciales (Leads)

Significa buscar e identificar posibles clientes, determinar quiénes son y confirmar que tienen una necesidad y un interés inicial por nuestros productos o servicios.

La prospección tiene las siguientes características:

a) Por lo regular no se conoce al prospecto
b) El prospecto no conoce al vendedor
c) No espera necesariamente ser contactado por este

¿Qué Técnicas de Prospección de Clientes Existen?

-La Prospección Presencial o Puerta Fría
-La Prospección Telefónica
-La Prospección por Email
-La prospección a través de redes sociales

¿Cómo usar cada una de las técnicas?

Cada técnica de prospección de clientes se encuentra relacionada con el tipo de producto y el tipo de estrategia de ventas y el sector en donde opere la compañía, por ejemplo: la venta transaccional, en donde el representante de ventas busca directamente a los clientes potenciales, establece una relación con ellos y cierra la venta. Cuando se trata de productos de precio bajo o moderado, por ejemplo, un producto de conveniencia, una enciclopedia, una promoción de refrescos o pastelillos o productos dentro de un catálogo, el cambaceo "puerta a puerta" "cara a cara" o también llamado "puerta fría" es una técnica muy común y efectiva.

Cuando el producto (incluyendo servicios) son de valor elevado o productos de consumo, pero en grandes volúmenes, entonces podemos afirmar que estamos ante un sector de "venta compleja", es decir, no se puede llegar en frío con el prospecto, este es el caso de las ventas a grandes cadenas minoristas, por ejemplo, Walmart, en donde se tendrá que agendar una cita con el comprador a través del teléfono o incluso a través del e-mail o de alguna red social como LinkedIn.

En últimas fechas el *"Inbound marketing"* ha resultado muy útil en atraer a los clientes potenciales, mediante la generación de contenidos relevantes en la web que los atraigan y posteriormente convertirlos en una oportunidad de venta.

2.-Clasificar a los clientes potenciales o Leads de acuerdo a su poder de compra.

La clasificación de los clientes es una de las etapas mas importantes en el proceso de ventas, la razón es evidente, obtener clientes "morosos" o sin la capacidad de compra suficiente podría ser un desastre para la empresa ya que pueden afectar los flujos de efectivo futuros en la empresa.

La segmentación del mercado es muy útil para lograr una mejor clasificación de los clientes, esto se logra cuando se divide la base de clientes en varios "subgrupos" y evaluar las características de cada grupo seleccionado, al final hay que tomar en consideración que los esfuerzos en atraer y clasificar a los clientes, podrían variar por cada tipo de cliente clasificado, por ejemplo:

Clientes actuales: Son los clientes que han comprado a la empresa nuestros productos y marcas, pero estos pueden ser *"Activos o Inactivos"* los clientes activos son los que realizan compras con regularidad de nuestros productos, los inactivos son los que en algún momento compraron los productos, pero que, sin embargo, tienen mucho tiempo sin realizar ninguna compra, de estos. Es posible que algunos de ellos se hayan cambiado a la competencia por algún problema con el producto o servicio y, por ende, se tendrá que realizar esfuerzos para corregir las causas por las que se alejaron de la marca y tratar de que nuevamente de ser posible regresen con la empresa; por otro lado, tenemos a los "Activos" y estos pueden tener comportamientos distintos.

Clientes Actuales frecuentes: Son importantes, ya que son los clientes que aportan los recursos que recibe la empresa, son los que hay que cuidar en primera instancia, ya que son los que se encuentran satisfechos con nuestros productos siempre será más complicado y costoso conseguir nuevos clientes que mantener a los actuales, en este mismo orden de ideas, también tenemos aquellos clientes que compran de forma intermitente, a este tipo de clientes es importante obtener la mayor cantidad de datos posibles con el objetivo de contactarlos en un futuro cercano y conocer la razón por la cual no compran de forma más frecuente.

Clientes Actuales por volumen de compras: Otra forma de clasificar a los clientes es por su volumen de compra y es la forma en que muchas empresas de negocio a negocio (B2B) lo hacen, pensemos en una empresa que vende a los pequeños negocios detallistas y también le vende a las grandes cadenas minoristas que tienen mas de cien tiendas, es decir los mismos departamentos de ventas se dividen en pequeñas cuentas y cuentas clave para el negocio. De esta misma forma, una empresa que clasifica clientes finales tendrá que evaluar a sus clientes por el volumen de compras que realice. Es bien sabido que muchas empresas tienen un Pareto en donde el 20 % de los clientes, generan el 80% de las ventas de la compañía y aunque esto no es lo ideal estratégicamente hablando, también es una realidad que sucede.

En este mismo orden de ideas, es importante, como ya se comentó la capacidad de pago sumada al volumen de compra, esta es una de las actividades mas importantes y delicadas, n o olvidar que los ingresos de la empresa son por el concepto de ventas, sobre todo aquellas que producen el flujo de efectivo suficiente y necesario no solo para obtener utilidades, sino para mantener la empresa "viva", pagar proveedores, sueldos, comisiones y financiar nuevos proyectos de la compañía.

3.-Elaborar una base de datos de clientes.

Los CRM`s o *Customer Relationship Management*, representan una excelente herramienta para elaborar y gestionar las bases de datos de clientes, generalmente los CRM`s son parte de un sistema mayor que es el *Enterprise Resource Planning* conocido por las siglas ERP.

La implementación de algún software CRM tiene múltiples beneficios entre los que se encuentran:

-Reconocer a los compradores mas rentables para la compañía a los que hay que atender de forma esmerada.

-Conocer y analizar la frecuencia de compra de los clientes actuales, su frecuencia y capacidad de pago.

-Los CRM también contribuyen en determinar los canales de comunicación adecuados para los clientes actuales y potenciales en cuanto a la forma y contenido de la información que deben recibir. (No todos los clientes utilizan los mismos medios de comunicación) es decir algunos preferirán las redes sociales, otros el teléfono y otros más los materiales impresos.

-Analizar y gestionar la lealtad de los clientes, incluyendo aspectos como: Los descuentos recibidos a través de algún programa de lealtad, o aquellos que reciben un producto gratis en la compra de cierto número de unidades, también, aquellos que reciben descuentos por compras acumuladas, entre otros.

-Reconocer el momento adecuado en el que los compradores desean comunicarse con los proveedores, de modo que se puedan lograr los máximos beneficios y efectos de esa comunicación.

-Conocer los datos de localización de los clientes actuales y potenciales, su edad, preferencias, genero, entre otros datos útiles, para posterior contacto con ellos.

4.-Acercamiento previo o "pre entrada"

Una vez que se ha realizado la base de datos de los clientes, se conoce a la audiencia y se cuenta con la información necesaria, llega el momento de realizar el acercamiento o pre entrada, esta consiste en realizar la presentación adecuada para cada cliente en función de la información obtenida del CRM o base de datos de los clientes, en este punto es necesario preparar el mensaje de ventas y para este fin es recomendable utilizar el método AIDA (Atención, Interés, Deseo y Acción), previamente analizado al principio del capítulo.

Generalmente la objeción de los clientes, comienzan con un "No" y en algunos otros países con comunicación mas indirecto es un "Muchas Gracias" o "Solo estoy viendo" "Luego vengo" , sin embargo en el ámbito mas profesional y sobre todo en un B2B, existen varios tipos de objeciones que son comunes, estos comúnmente tienen que ver con las características intrínsecos extrínsecos como: sabor, olor, color, aroma, textura, etiqueta, presentación, empaque, envase, embalaje y por otro lado el servicio, capacidad de producción y distribución, nivel de servicio, entre otros.

En resumen, las objeciones son todas las barrera o problema que el cliente tiene hacia los productos de la empresa.

¿Cuál es origen de las objeciones?

Su origen puede tener varias causas:

a) Dudas
b) Desconfianza
c) Temor a cambiar "las marcas ya reconocidas"
d) No percibe beneficios reales

Estas causas de las objeciones son derivadas de no contar con información suficiente, no tener experiencia previa sobre el manejo del producto, si es un producto nuevo, no haberlo probado o degustado, falta de evidencias acerca de las características del producto o incluso algunos márgenes menores de los productos competidores.

En resumen:

¡Falta de comunicación profesional!

Como sea, es obvio, que esta etapa puede ser critica y convertirse en una verdadera pesadilla, ya que de ella dependen los resultados de los pasos anteriores, es por esto que es necesario prestar la suficiente atención y manejar lo mejor posible el "manejo de objeciones".

¿Cómo se manejan las objeciones?

1- ¡Prepararse! Prepare un listado de posibles objeciones y posibles respuestas, se recomienda que al realizarla se realice en función de cada elemento de las 4 Pes, es decir, objeciones del producto y sus características diferenciadoras versus la competencia, el precio, sus márgenes, la distribución y el nivel de servicio y como lograrlo, el plan publicitario que se realizarà solo y en conjunto con el cliente y en caso de que sea un B2B los descuentos y promociones que realizaran en conjunto.

2-Escuche de manera activa y con mucha atención a las objeciones de los clientes, deje hablar al cliente sin interrumpir y confirme que ha entendido las objeciones, esto es una forma de crear "alianza".

Algunas objeciones comunes con las que se podría encontrar son:

-*El precio:* Una de las objeciones "más temidas es el precio" en este sentido, estas objeciones podrán darse de varias maneras, puede ser objeciones acerca de los costos, los márgenes de utilidad, el precio de lista (sell -in), precio público (sell-out), la objeción casi siempre radica en el precio alto y el representante de ventas tendrá que hacer énfasis en los atributos diferenciadores del producto-marca con relación a la competencia, en este punto siempre es importante no abaratar el producto de forma innecesaria, por debajo de su pecio base ya que podría traer consecuencias financieras en el largo plazo para la empresa.

-*"Ya contamos con un producto similar a ese"* El argumento debe ser alrededor de los problemas que puede resolver de mejor forma que la competencia y utilizando los atributos diferenciadores del producto

- *"Esa estrategia ya la probamos y no funcionó"* Para este caso conviene llevar preparados algunos casos de éxito, así como testimonio de clientes satisfechos, hacer degustación o pruebas directas a los clientes.

-*"Tengo que pedir autorización a mi jefe"* Para evitar esta situación, investiga antes la persona que tenga la autoridad para tomar decisiones, sin embargo en caso de que esto suceda, ayúdale y prepara una presentación con datos duros para ayudar a convencerlo. Sin duda que existen muchas otras objeciones, pero siempre prepararse antes, ponerse en los zapatos del cliente y plantear preguntas y respuestas ante las posibles objeciones incrementa la posibilidad de éxito en la negociación. Otra estrategia que resulta muy conveniente es clasificar a los clientes por su tipo de comportamiento:

Clientes con comportamiento difícil y exigente: Existen clientes que resultan difíciles en su comportamiento y son complicados de manejar por parte de los representantes de ventas, por lo regular son personas que tienden a ser bastante egoístas, desconfiados, no ceden fácilmente y se encuentran muy orientados a calcular sus utilidades, por esta razón son muy calculadores, con frecuencia piden descuentos agresivos, promociones, créditos, materiales, etc. Este tipo de clientes piensa primero en el que en los beneficios a sus clientes.

Clientes con comportamiento desconfiado: Es observador, desconfiado, por lo regular no realiza cálculos, sin embrago y aunque no lo puede demostrar objetivamente, se queja de bajas utilidades y buscarà evitar todo esfuerzo posible.

Clientes responsables e institucionales: Lleva acabo análisis comparando precios, márgenes, calidad del producto, nivel de servicio, realiza cálculos de rotación de inventarios, trata con respeto a las marcas y empresas proveedoras, en otras palabras, es sumamente objetivo en sus decisiones y detesta la improvisación, la falta de higiene, el incumplimiento o exceso de astucia de parte del representante de ventas

Clientes amigables: Es afectuoso, es extrovertido y comunicativo, por lo regular le da una gran importancia a satisfacer a sus clientes y se preocupa por ellos, con mucha confianza acepta cambios, posee valores y principios basados en la amistad y la lealtad.

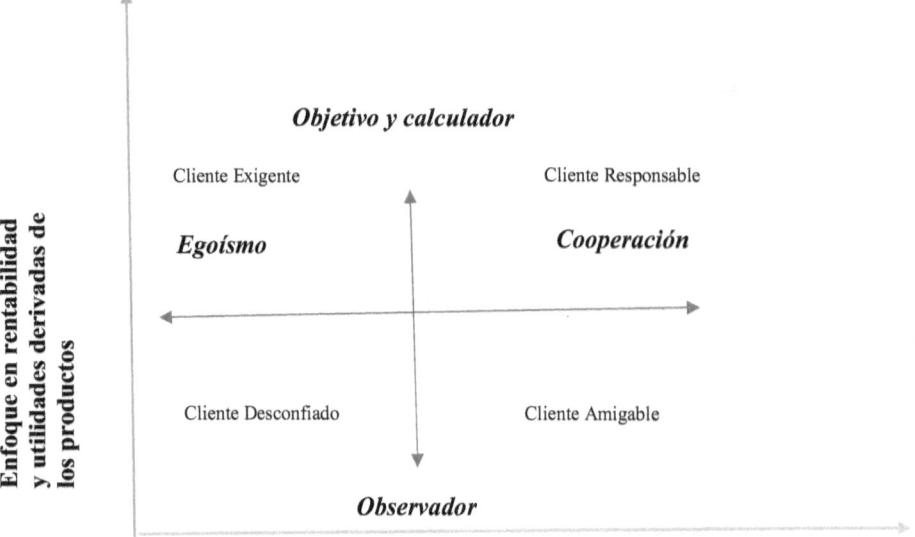

Interès por satisfacer las necesidades de los clientes

¿Cómo negociar con clientes exigentes?

-A la hora de negociar con los clientes exigentes es importante realizar cálculos comerciales directamente en presencia de él.

-Pensar con suficiente anticipación en las posibles objeciones que planteará durante la visita, es decir requiere preparación previa.

-Es muy importante no ser reactivo ante ataques o maltrato por parte del cliente, en lugar de esto hay que mostrar seguridad y dominio del negocio en todo momento.

-Siempre es bueno buscar alianzas, resaltando que lo que buscamos es ayudarlo en hacer crecer su negocio

¿Cómo negociar con clientes responsables?

Prepararse previamente con los argumentos de venta y los respectivos cálculos comerciales acerca de precios, márgenes, sell-in, sell-out; mostrar seguridad y conocimiento del negocio, asistir pulcro y puntual a la cita, explicarle los aspectos diferenciadores del producto y como esto puede tanto satisfacer a sus clientes y al mismo tiempo incrementar sus indicadores de rentabilidad y ventas de su negocio.

¿Cómo negociar con clientes desconfiados?

Con este tipo de clientes siempre será recomendable saludarlo por su nombre, hacer cálculos comerciales frente a el y explicarle como nuestros productos pueden incrementar la rentabilidad de su negocio, ofrecer apoyos de merchandising con materiales publicitarios, demostradoras etc.

¿Cómo tratar clientes amigables?

En este tipo de clientes siempre se recomienda ganar su confianza, escucharlo de forma activa, demostrar empatía, preguntar como podemos ayudarlo y que aspectos son importantes para el buen desempeño de su negocio, NO caer en exceso de confianza (por ejemplo usar apodos).

6.-Cierre.

El cierre es el resultado de un proceso de ventas exitoso y el representante de ventas puede estar seguro de este, cuando se han pasado por las etapas previas vistas anteriormente, el cierre representa la firma de un contrato de alta de producto o la compra por parte de un cliente final. El cierre no es el final de la venta, es el principio de una relación de la cual se buscará que se mantenga por muchos años y en la que incluso el cliente podría recomendar el producto a otros clientes potenciales

7.-Servicio post venta. (Follow- up)

El servicio postventa significa continuar con el seguimiento y servicio después de haber concretado el cierre de ventas y es en definitiva la actividad mas importante para generar recompra, recomendación y posicionamiento de la marca, en resumen, es muy útil `para generar confianza y hasta cierto punto lealtad.

No hay que olvidar que un cliente que se siente atendido se convierte en un aliado, se convierte en un "evangelista de la marca y de la compañía", obviamente si ya se le vendió una vez y se le proporcionó seguimiento, será más fácil volver a contactarlo para ofrecer nuevos productos o que vuelva a comprar más del mismo producto.

La construcción de las relaciones de largo plazo genera confianza en los clientes, sin embargo, también se consideran una fuente importante de información sobre el desempeño de los productos y las áreas de mejora que podamos superar, al final no hay nadie que nos conozca mejor que los clientes de largo plazo.

Funciones de la administración de ventas

Desde el punto de vista administrativo el proceso de la administración de ventas, resulta clave para poder lograr un incremento sostenido en ventas, no olvidemos que el departamento de ventas es el más importante de la empresa, especialmente por ser este departamento el que genera los ingresos para el funcionamiento total de la empresa.

La administración de ventas es el proceso necesario para mantener día a día las operaciones con cada uno de los clientes, generalmente a través de los CRM, también permite a la alta gerencia analizar las diferentes etapas y el flujo necesario de actividades dentro del proceso y determinar si existe algún cuello de botella en el mismo.

El proceso de administración de ventas consta del siguiente proceso:

a) Diseño de la fuerza de ventas
b) Administración de la fuerza de ventas
c) Mejora de efectividad en la fuerza de ventas

FUNCIONES DE LA ADMINISTRACIÓN DE VENTAS

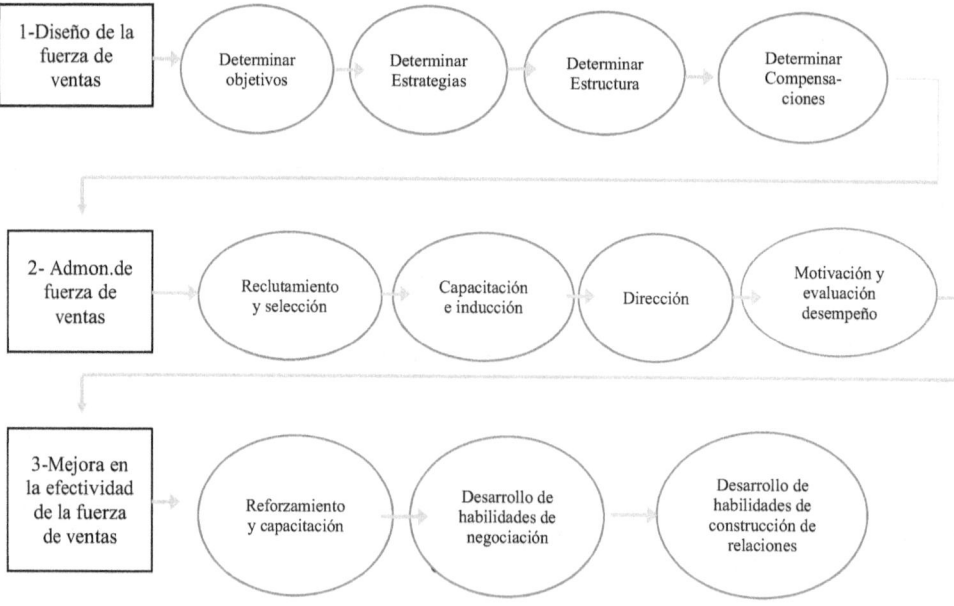

NIVEL ALTA GERENCIA	GERENCIA DE VENTAS
Establecimiento de Objetivos generales de la empresa.	Recibe los objetivos a cubrir en un año.
Evaluación de oportunidades de mercado, determina la demanda.	Fijación de objetivos por territorio, por segmento, de acuerdo al pronóstico de ventas.
Solicita desarrollo de pronóstico de ventas.	Elaboración de pronóstico de ventas.
Desarrollo del plan de acción	Orientar a vendedores para la creación de sus propios planes.
Implementación.	Supervisa y apoya a vendedores para que cumplan con sus planes
Monitoreo y Evaluación	Analiza el desempeño de los vendedores con relación a los objetivos y planes de acción.

En resumen, la mezcla promocional puede usarse para:

Mezcla promocional	Informar	Persuadir	Recordación	Preferencia	Convicción	Compra
Publicidad	E	E	E	R	R	M
Venta personal	R	R	R	R	F	E
Promoción de ventas	E	E	E	R	R	E
Relaciones públicas	E	E	E	E	M	M

Excelente	E
Regular	R
Malo	M

¿Cómo se mide la eficacia de la fuerza de ventas?

La fuerza de ventas se puede medir a través de diferentes indicadores de desempeño (KPI)
Por ejemplo:

Promedio de visitas diarias por vendedor:

%=(Promedio de visitas diarias del vendedor /objetivo de visitas diarias del plan de marketing) x100

Ejemplo:

Un vendedor de la compañía en donde eres el director comercial te reporta que ha tenido un promedio de 10 visitas diarias durante el mes, el objetivo establecido en el plan de mercadotecnia es de 400 visitas al mes.

¿Cuál es el porcentaje logrado durante el mes?

10 visitas promedio diario x 30 días= 300 /400 x 100 = 75% del objetivo.

Porcentaje de efectividad de conversión de clientes potenciales a clientes reales

%=(Clientes reales obtenidos en cada visita/ Número de clientes potenciales por alcanzar al mes) x 100

Ejemplo:

La dirección comercial ha establecido un objetivo de 200 visitas a clientes potenciales en el mes de febrero y ha solicitado al gerente de ventas le proporcione el número de clientes que lograron "cerrarse" y que ahora son clientes en firme en el mencionado mes. El gerente reportó que se lograron cerrar 70 clientes ya que existen factores económicos que no permitieron llegar al objetivo.

¿Cuál el el porcentaje de avance logrado durante el mes de febrero?

70 clientes cerrados durante el mes/ 200 visitas realizadas = 70/200 =0.35 x 100 = 35%

Costo de la fuerza de ventas como porcentaje del total de la facturación de ventas.

%=(Costo de la fuerza de ventas en un período / Total de facturación de ventas en el período) x 100

Ejemplo:

La empresa Herdez ha determinado que el costo de los vendedores de cuentas clave, destinados a atender las principales cadenas de autoservicio asciende a $100,000 pesos mensuales promedio, en tanto que las ventas reportadas por estas tiendas en el mes, reportan una facturación neta de $500,000 despues de impuestos.

¿Cuánto representa la fuerza de ventas de la facturación ?

$100,000 costo de la fuerza de ventas / facturación neta $500,000 = 0.2 x 100 = 20% Los anterior quiere decir que el costo de la fuerza de ventas reperesenta un 20% de la facturación.

El beneficio de las visitas por parte de los vendedores con ciertos clientes que se encuentran como "potenciales", pero que tienen cierta probabilidad de convertirse en "clientes reales" en cierto período de tiempo establecido y desde luego considerando que existe un costo asignado por cada visita de los vendedores a esos clientes.

Porcentaje de penetración de ventas en clientes determinados

%= (Ventas logradas en unidades durante el período / Total de clientes del objetivo)x100

La empresa Coca Cola ha determinado un objetivo promedio de 3.0 cajas de refresco de cola de 2.0 litros en las 300 tiendas de conveniencia "Oxxo" de la ciudad de puebla en México, durante el mes de febrero del 2018. Las ventas de de Coca Cola reportan 700 cajas vendidas al cierre en el 100% del objetivo planteado.

¿Cuál es el porcentaje logrado contra el objetivo?

700 cajas vendidas / 300 tiendas Oxxo = 2.33 cajas vendidas x tienda = 2.33 / 3.00 cajas objetivo =0.776 x 100= 77.66% logrado con respecto al objetivo
¿Cómo se mide la eficacia de la promoción de ventas?

Porcentaje de cupones redimidos

%=(Número de cupones canjeados / Número de cupones emitidos) x 100

La empresa Lala ha lanzado 500,000 cupones impresos en cada uno de sus empaques de 1 litro de leche entera y pretende ofrecer un 20% de descuento por cada cupón canjeado en las cajas de los autoservicios como Superama, Walmart y Comercial Mexicana. Hasta el momento se han reportado 150,000 cupones canjeados en las 3 tiendas. El objetivo es lograr el 25% de redención durante el primer mes de la promoción, el cual tiene una duración total de 3 meses.

¿Cuál es el porcentaje de redención de la promoción de ventas durante el primer mes?

150,000 cupones canjeados / 500,000 objetivo X100 = 0.3 x 100 = 30%, lo anterior quiere decir que si el objetivo mensual es del 25%, la redención de cupones sobrepasó el objetivo logrando un 30%, esto es un 20% por arriba contra el objetivo: 30/25x100= 1.2 x 100 = 120%

¡Ahora respondamos algunas preguntas de la Mezcla Promocional!

¡Mucha suerte!

1- Reactivo tipo EGEL / Mezcla Promocional

La marca "EGO" quiénes son productores de "Gel" Para peinado de caballero, desea dar a conocer su nuevo Champú para proteger el cabello, el objetivo es que el consumidor del canal autoservicios lo conozca y lo pruebe.

¿Cuál es la táctica adecuada de promoción de ventas que la marca tiene que utilizar?

A) Utilizar pequeños empaques de muestra del producto en la revista "¡Hola!" y realizar un concurso en las tiendas.
B) Demostración del producto en la tienda mediante una lavada de cabello y una promoción de 1 gel para el cabello más una botella de champú de 300 ml.
C)Mayor cantidad de producto en cada botella de 700 ml
D)Descuento en el precio y cupón de 30% descuento en la revista "¡Hola!"

2-Reactivo tipo EGEL / Mezcla Promocional

Cinépolis ha implementado la estrategia promocional de ofrecer "muestras gratis", en otras palabras, ofrecer cupones de entrada gratis por el período de dos meses para atraer clientes a una nueva sala.

¿Cuál es el indicador que permitirá evaluar los resultados de dicha estrategia?

A) Número de clientes por cada función
B) Ingresos económicos (facturación) durante el mes
C)Número de clientes que ingresaron con cupones con la leyenda "gratis"
D)Número de clientes totales en el mes

3- Reactivo tipo EGEL / Mezcla Promocional

La empresa Alfa propietarios de la marca Yoplait, quiénes son fabricantes del famoso yogurt natural "griego" pretende lanzar al mercado y de forma masiva a una gran cantidad de autoservicios, tres versiones nuevas de este producto en sabores fresa, durazno y manzana, la nueva línea es sin duda una mejora sustancial a la versión natural y representa un producto nuevo para la compañía, pero existente en la categoría de yogurts.

¿Cuál es la mejor táctica para la promoción de ventas?

A) Muestras con producto gratis insertas en folletos de las tiendas de autoservicios.
B)30% Más de producto en cada empaque
C)Descuento agresivo en precio y folleto con descuento en las tiendas
D)Degustación del producto en el punto de venta y concurso en la tienda para atraer clientes

4-Reactivo tipo EGEL / Mezcla Promocional

El parque de diversiones "La Feria" se encuentra diseñando una nueva estrategia promocional en donde cada visita al parque durante *el mes de diciembre*, los clientes recibirán un 70% de descuento, en la próxima visita al parque. El objetivo es lograr incrementar las utilidades del parque de diversiones.

¿Cuál es el indicador más importante para evaluar la estrategia?

A) Los Ingresos económicos acumulados durante el año para el parque
B) El ingreso promedio de los visitantes en la Ciudad de México
C)Número de visitantes originarios del interior de la república mexicana
D)Número de visitantes durante el mes

5-Reactivo tipo EGEL / Mezcla Promocional

La empresa Unidos de reciente creación en el sector de alimentos, quiere difundir su nueva marca de mole granulado en una cadena de autoservicios "Listo para comerse por sólo $60.00", sin embargo, su presupuesto es un poco "escaso" y tiene que ser lo más eficiente y eficaz posible en su estrategia de comunicación.

¿Cuál es la mejor opción para comunicar la marca a los clientes?

A) Anuncios en Radio
B) Anuncios Espectaculares
C)Material POP
D)Anuncios por Televisión

6-Reactivo tipo EGEL / Mezcla Promocional

La empresa de productos procesados Bafar, quiénes poseen la marca "Sabori" desean comunicar de forma clara a los consumidores los nuevos ingredientes y sabor ahumado de sus jamones bajos en grasas de su nueva línea Sabori "Al natural". El presupuesto publicitario es limitado, ya que se redujo en un 70% comparado con el presupuesto del año pasado, por lo que deberás ser bastante cauto en la estrategia a seguir.

¿Cuál es el medio publicitario más adecuado para dar a conocer los nuevos ingredientes del producto?

A) Colocar un stand con degustación en punto de venta

B) Crear una campaña en Televisión Abierta
C)Realizar una campaña en Radio
D)Incersión en Prensa

7-Reactivo tipo EGEL / Mezcla Promocional
La cadena de tiendas departamentales Liverpool ha lanzado una campaña anunciando hasta 80% de descuento en su tradicional "venta nocturna" que se llevará acabo el día 13 de diciembre de 8:00 de la noche hasta las 3:00 de la mañana.

¿Cuál es la mejor forma de medir esta campaña?

A) Recuento de artículos vendidos
B) Recuento del incremento de las visitas de clientes a la tienda
C)Recuento de los importes económicos generados
D)Comparación de la venta del departamento de ropa vs el departamento de blancos.

8-Reactivo tipo EGEL / Mezcla Promocional
Gandhi es una cadena de librerías, la cual tiene por estrategia publicitaria el colocar anuncios espectaculares cada cierto número de kilómetros por toda las ciudades y avenidas principales de la República Mexicana. Los anuncios no tienen un mensaje claro acerca de algún descuento, ni tampoco invita a los clientes a visitar las librerías, ni a comprar en ella, de hecho, solo menciona la marca "Gandhi" e invita a leer cualquier libro.

A) Informar
B) Persuadir
C)Atención
D)Recordar

9-Reactivo tipo EGEL / Mezcla Promocional
La empresa Nestlé ha lanzado una nueva cafetera bajo la marca Nesspresso, la cual cuenta con una serie de funciones para elaborar distintos tipos de café en minutos. El problema principal de Nesspresso es la fortísima competencia que tiene por parte de otras marcas de cafeteras como Krups, la cual también es muy buena, pero tiene menos funciones y capacidades que Nesspresso. Nestlé tiene muy claro que un gran porcentaje de los clientes de sus cafeteras no utilizan y ni siquiera conocen las múltiples funciones del dispositivo, de hecho, se ha comprobado que ni siquiera leen el instructivo.

Por tal motivo, la empresa ha decidido lanzar una campaña en redes sociales, subiendo videos útiles de cómo utilizar las diferentes funciones de su cafetera Nesspresso.

¿Cuál es el objetivo de esta campaña publicitaria?

A) Crear conciencia de marca
B) Informar
C)Jalar al cliente (Pull)

D)Empujar el producto (Push)

10-Reactivo tipo EGEL / Mezcla Promocional
La famosa cadena de restaurantes de comida mexicana "El Portón", ha tomado la decisión de colocar varios espectaculares en donde aparece la marca del restaurante y la imagen de un delicioso desayuno de huevos rancheros con chilaquiles a un lado con su jugo de naranja muy fresco!

¿Cuál es el objetivo de la campaña publicitaria?

A) Lograr la atención del cliente
B) Mantener la lealtad de los clientes actuales
C)Estimular la prueba del servicio
D)Generar una buena actitud hacia la marca

11-Reactivo tipo EGEL / Mezcla Promocional
La empresa de seguros "El Gavilán" desarrolló una campaña a través de la colocación de varios espectaculares en las principales avenidas de la ciudad, en estos espectaculares que son de color amarillo con tipografía en color negro, en el cual se puede leer la frase: *"Que NO te suceda a ti"* y está acompañada de una imagen de un automóvil destrozado de forma impactante.

¿Cuál es el objetivo de esta publicidad en espectaculares?

A) Lograr la atención del cliente
B) Mantener la lealtad de los clientes actuales
C)Estimular la prueba del servicio
D)Generar una buena actitud hacia la marca

12-Reactivo tipo EGEL / Mezcla Promocional
La empresa productora de lácteos Unifoods, está lanzando una nueva leche orgánica llamada "Biorganic" la cual es la primera en el mercado mexicano. El problema radica en la gran cantidad de desinformación del público consumidor acerca de los beneficios de los productos orgánicos y funcionales. Poe esta razón la empresa ha desplegado miles de folletos que son entregados a los clientes dentro de las tiendas con la finalidad de que se informen de esos beneficios y compren la leche orgánica.

¿Cuál es el objetivo de la estrategia publicitaria?

A) Incrementar el uso del producto
B) Recordar y reforzar la marca del producto.
C)Educar al mercado
D)Reducir las fluctuaciones en el nivel de ventas del producto.

13-Reactivo tipo EGEL / Mezcla Promocional

Una empresa de servicios de seguros financieros "Segumex", necesita convencer a las personas de que realiza programas importantes de responsabilidad social para desarrollar una imagen más humana de la empresa, por lo que ha donado a varias organizaciones médicas voluntarias, equipos desfibriladores que ayuden a tratar a los enfermos con ataques cardiacos antes de llegar a los hospitales.

Los estudios demuestran que la reputación y aceptación de la empresa ha aumentado de un 48 a un 7 por ciento en un plazo de dos años.

¿Cuál es el objetivo de relaciones públicas de esta campaña?

A) Exposición del mensaje
B) Aceptación del mensaje
C)Cambio de actitud
D)Cambio en el comportamiento

14-Reactivo tipo EGEL / Mezcla Promocional

El parque de diversiones Reino Aventura situada al sur de la Ciudad de México ha implementado la estrategia promocional de regalar cupones de entrada gratis por un mes para atraer clientes a su nuevo parque de diversiones.

Identifique el elemento que permita evaluar los resultados de esta estrategia.

A) Asistentes durante el mes
B) Entradas registradas con cupón
C) Facturación durante el mes
D) Clientes de cada una de las atracciones

15-Reactivo tipo EGEL / Mezcla Promocional

La empresa Coca Cola ha lanzado al mercado 800,000 taparroscas premiadas en cada una de las botellas de 1 litro de Coca Cola "regular" y pretende ofrecer un 15% de descuento por cada cupón canjeado en las tiendas detallistas como: Abarrotes, Misceláneas, Fondas y Loncherías.

Hasta el momento se han reportado 125,000 taparroscas canjeados en las 500 tiendas.

El objetivo es lograr el 75% de redención durante el primer mes de la promoción, el cual tiene una duración total de 2 meses.

¿Cuál es el porcentaje de redención de la promoción de ventas durante el primer mes?

A)15.6%
B)15.8%
C)20.8%
D)20.7%

16-Reactivo tipo EGEL / Mezcla Promocional

La Barbería "Kings of the World" ha implementado una estrategia en dónde anima a sus clientes a obtener un 30% de descuento en la próxima visita que realices a la Barbería, el objetivo es incrementar la visita de los clientes, así como de mantenerlos fieles a la marca.

Los indicadores de medición del resultado de la estrategia son:

1.Facturaciòn por cliente y servicio solicitado
2.Facturaciòn por sexo de los clientes
3.Nùmero de clientes que regresaron a la Barbería
4.Nùmero total de clientes que regresaron

A) 1
B) 2
C) 3
D) 4

RESPUESTAS PROMOCIÓN DE VENTAS

1- Reactivo tipo EGEL / Mezcla Promocional

La marca "EGO" quiénes son productores de "Gel" Para peinado de caballero, desea dar a conocer su nuevo Champú para proteger el cabello, el objetivo es que el consumidor del canal autoservicios lo conozca y lo pruebe.

¿Cuál es la táctica adecuada de promoción de ventas que la marca tiene que utilizar?

A) Utilizar pequeños empaques de muestra del producto en la revista "¡Hola!" y realizar un concurso en las tiendas.
B) Demostración del producto en la tienda mediante una lavada de cabello y una promoción de 1 gel para el cabello más una botella de champú de 300 ml.
C)Mayor cantidad de producto en cada botella de 700 ml
D)Descuento en el precio y cupón de 30% descuento en la revista "¡Hola!"

La respuesta correcta es demostración de producto en tienda y promoción cruzada con el gel para el peinado, lo anterior es una táctica para un producto es desconocido en el mercado y cuyos beneficios son difíciles de describir de en un anuncio por televisión; al mismo tiempo sería difícil que alguien quisiera más producto de algo que no conocen, en este mismo orden de ideas, el establecer descuentos a través de cupones podría bajar la percepción de calidad del champú y los
concursos podrían también dañar la imagen de marca en el mercado.

2-Reactivo tipo EGEL / Mezcla Promocional

Cinépolis ha implementado la estrategia promocional de ofrecer "muestras gratis", en otras palabras, ofrecer cupones de entrada gratis por el período de dos meses para atraer clientes a una nueva sala.

¿Cuál es el indicador que permitirá evaluar los resultados de dicha estrategia?

A) Número de clientes por cada función
B) Ingresos económicos (facturación) durante el mes
C)Número de clientes que ingresaron con cupones con la leyenda "gratis"
D)Número de clientes totales en el mes

La forma correcta de evaluar la estrategia son los clientes que presentaron los cupones de entrada "gratis", el resto de las opciones podrían ser viables, pero imprecisas ya que la estrategia promocional desde un principio fue definida a través de los cupones.

3- Reactivo tipo EGEL / Mezcla Promocional

La empresa Alfa propietarios de la marca Yoplait, quiénes son fabricantes del famoso yogurt natural "griego" pretende lanzar al mercado y de forma masiva a una gran cantidad de autoservicios, tres versiones nuevas de este producto en sabores fresa, durazno y manzana, la nueva línea es sin duda una mejora sustancial a la versión natural y representa un producto nuevo para la compañía, pero existente en la categoría de yogurts.

¿Cuál es la mejor táctica para la promoción de ventas?

A) Muestras con producto gratis insertas en folletos de las tiendas de autoservicios.
B)30% Más de producto en cada empaque
C)Descuento agresivo en precio y folleto con descuento en las tiendas
D)Degustación del producto en el punto de venta y concurso en la tienda para atraer clientes

La respuesta correcta es: Realizar degustación en el punto de venta y al mismo tiempo implementar una serie de concursos para atraer clientes, la razón es que la degustación es muy útil para que los clientes conozcan el sabor y textura del producto y los concursos son muy populares en productos de consumo para atraer clientela, por otro lado incluir muestras gratis en folletos sería una mala idea por ser un producto perecedero , incluir más producto de algo que la gente no conoce, quizá no daría un buen resultado y los descuentos podrían sin duda dañar la imagen de la marca en el mercado.

4-Reactivo tipo EGEL / Mezcla Promocional
El parque de diversiones "La Feria" se encuentra diseñando una nueva estrategia promocional en donde cada visita al parque durante *el mes de diciembre*, los clientes recibirán un 70% de descuento, en la próxima visita al parque. El objetivo es lograr incrementar las utilidades del parque de diversiones.

¿Cuál es el indicador más importante para evaluar la estrategia?

A) Los Ingresos económicos acumulados durante el año para el parque
B) El ingreso promedio de los visitantes en la Ciudad de México
C)Número de visitantes originarios del interior de la república mexicana
D)Número de visitantes durante el mes

La respuesta correcta es medir el "número de visitantes durante el mes", ya que es la única respuesta que considera el tiempo "un mes" es decir el tiempo en el que se implementará la estrategia.

5-Reactivo tipo EGEL / Mezcla Promocional
La empresa Unidos de reciente creación en el sector de alimentos, quiere difundir su nueva marca de mole granulado en una cadena de autoservicios "Listo para comerse por sólo $60.00", sin embargo, su presupuesto es un poco "escaso" y tiene que ser lo más eficiente y eficaz posible en su estrategia de comunicación.

¿Cuál es la mejor opción para comunicar la marca a los clientes?

A) Anuncios en Radio
B) Anuncios Espectaculares
C)Material POP
D)Anuncios por Televisión

La respuesta correcta es "Material POP" Las cenefas, Stoppers Preciadores, Copetes, Banners, entre otros, son excelentes opciones de bajo costo y alto beneficio, las otras opciones son bastante más costosas para una empresa que apenas comienza.

6-Reactivo tipo EGEL / Mezcla Promocional

La empresa de productos procesados Bafar, quiénes poseen la marca "Sabori" desean comunicar de forma clara a los consumidores los nuevos ingredientes y sabor ahumado de sus jamones bajos en grasas de su nueva línea Sabori "Al natural". El presupuesto publicitario es limitado, ya que se redujo en un 70% comparado con el presupuesto del año pasado, por lo que deberás ser bastante cauto en la estrategia a seguir.

¿Cuál es el medio publicitario más adecuado para dar a conocer los nuevos ingredientes del producto?

A) Colocar un stand con degustación en punto de venta
B) Crear una campaña en Televisión Abierta
C)Realizar una campaña en Radio
D)Incersión en Prensa

La respuesta correcta es: Colocar un stand en el punto de venta y realizar degustación, ninguna de las otras opciones es de bajo costo y además no permitirían percibir el sabor del nuevo producto.

7-Reactivo tipo EGEL / Mezcla Promocional
La cadena de tiendas departamentales Liverpool ha lanzado una campaña anunciando hasta 80% de descuento en su tradicional "venta nocturna" que se llevará acabo el día 13 de diciembre de 8:00 de la noche hasta las 3:00 de la mañana.

¿Cuál es la mejor forma de medir esta campaña?

A) Recuento de artículos vendidos
B) Recuento del incremento de las visitas de clientes a la tienda
C)Recuento de los importes económicos generados
D)Comparación de la venta del departamento de ropa vs el departamento de blancos.

La campaña tiene como objetivo el jalar al mayor número de clientes a la tienda para generar volúmenes de ventas incrementales en un período determinado.

8-Reactivo tipo EGEL / Mezcla Promocional

Gandhi es una cadena de librerías, la cual tiene por estrategia publicitaria el colocar anuncios espectaculares cada cierto número de kilómetros por toda las ciudades y avenidas principales de la República Mexicana. Los anuncios no tienen un mensaje claro acerca de algún descuento, ni tampoco invita a los clientes a visitar las librerías, ni a comprar en ella, de hecho, solo menciona la marca "Gandhi" e invita a leer cualquier libro.

A) Informar
B) Persuadir
C)Atención
D)Recordar

La campaña tiene como finalidad recordar que cuando quieras leer un libro pienses en "Gandhi" como opción.

9-Reactivo tipo EGEL / Mezcla Promocional

La empresa Nestlé ha lanzado una nueva cafetera bajo la marca Nesspresso, la cual cuenta con una serie de funciones para elaborar distintos tipos de café en minutos. El problema principal de Nesspresso es la fortísima competencia que tiene por parte de otras marcas de cafeteras como Krups, la cual también es muy buena, pero tiene menos funciones y capacidades que Nesspresso. Nestlé tiene muy claro que un gran porcentaje de los clientes de sus cafeteras no utilizan y ni siquiera conocen las múltiples funciones del dispositivo, de hecho, se ha comprobado que ni siquiera leen el instructivo.

Por tal motivo, la empresa ha decidido lanzar una campaña en redes sociales, subiendo videos útiles de cómo utilizar las diferentes funciones de su cafetera Nesspresso.

¿Cuál es el objetivo de esta campaña publicitaria?

A) Crear conciencia de marca
B) Informar
C)Jalar al cliente (Pull)
D)Empujar el producto (Push)

La campaña tiene como objetivo informar a las personas acerca de todas y cada una de las funciones de sus cafeteras con la finalidad de establecer una ventaja competitiva clara que sus competidores no tienen.

10-Reactivo tipo EGEL / Mezcla Promocional

¡La famosa cadena de restaurantes de comida mexicana "El Portón" ha tomado la decisión de colocar varios espectaculares en donde aparece la marca del restaurante y la imagen de un delicioso desayuno de huevos rancheros con chilaquiles a un lado con su jugo de naranja muy fresco!

¿Cuál es el objetivo de la campaña publicitaria?

A) Lograr la atención del cliente
B) Mantener la lealtad de los clientes actuales
C)Estimular la prueba del servicio
D)Generar una buena actitud hacia la marca

La respuesta correcta es "Estimular la prueba del servicio" aunque podría confundirse fácilmente con llamar la atención del cliente, en realidad lo que se busca es que los clientes acudan a desayunar a esos restaurantes

11-Reactivo tipo EGEL / Mezcla Promocional

La empresa de seguros "El Gavilán" desarrolló una campaña a través de la colocación de varios espectaculares en las principales avenidas de la ciudad, en estos espectaculares que son de color amarillo con tipografía en color negro, en el cual se puede leer la frase: **"Que NO te suceda a ti"** y está acompañada de una imagen de un automóvil destrozado de forma impactante.

¿Cuál es el objetivo de esta publicidad en espectaculares?

A) Lograr la atención del cliente
B) Mantener la lealtad de los clientes actuales
C)Estimular la prueba del servicio
D)Generar una buena actitud hacia la marca

12-Reactivo tipo EGEL / Mezcla Promocional

La empresa productora de lácteos Unifoods, está lanzando una nueva leche orgánica llamada "Biorganic" la cual es la primera en el mercado mexicano. El problema radica en la gran cantidad de desinformación del público consumidor acerca de los beneficios de los productos orgánicos y funcionales. Poe esta razón la empresa ha desplegado miles de folletos que son entregados a los clientes dentro de las tiendas con la finalidad de que se informen de esos beneficios y compren la leche orgánica.

¿Cuál es el objetivo de la estrategia publicitaria?

A) Incrementar el uso del producto
B) Recordar y reforzar la marca del producto.
C)Educar al mercado
D)Reducir las fluctuaciones en el nivel de ventas del producto

13-Reactivo tipo EGEL / Mezcla Promocional

Una empresa de servicios de seguros financieros, necesita convencer a las personas de que realiza programas importantes de responsabilidad social para desarrollar una imagen más humana de la empresa, por lo que ha donado a varias organizaciones médicas voluntarias, equipos desfibriladores que ayuden a tratar a los enfermos con ataques cardiacos antes de llegar a los hospitales.

Los estudios demuestran que la reputación y aceptación de la empresa ha aumentado de un 48 a un 7 por ciento en un plazo de dos años.

¿Cuál es el objetivo de relaciones públicas de esta campaña?

A) Exposición del mensaje
B) Aceptación del mensaje
C)Cambio de actitud
D)Cambio en el comportamiento

14-Reactivo tipo EGEL / Mezcla Promocional

El parque de diversiones Reino Aventura situada al sur de la Ciudad de México ha implementado la estrategia promocional de regalar cupones de entrada gratis por un mes para atraer clientes a su nuevo parque de diversiones.

Identifique el elemento que permita evaluar los resultados de esta estrategia.

A) Asistentes durante el mes
B) Entradas registradas con cupón
C) Facturación durante el mes
D) Clientes de cada una de las atracciones

R= Debido a que la estrategia se determinó a través de los cupones, esta será la forma de medir los resultados de la misma.

15-Reactivo tipo EGEL / Mezcla Promocional

La empresa Coca Cola   ha lanzado al mercado 800,000 taparroscas premiadas en cada una de las botellas de 1 litro de Coca Cola "regular" y pretende ofrecer un 15% de descuento por cada cupón canjeado en las tiendas detallistas como: Abarrotes, Misceláneas, Fondas y Loncherías.

Hasta el momento se han reportado 125,000 taparroscas canjeados en las 500 tiendas.

El objetivo es lograr el 75% de redención durante el primer mes de la promoción, el cual tiene una duración total de 2 meses.

¿Cuál es el porcentaje de redención de la promoción de ventas durante el primer mes?

A)15.6%
B)15.8%
C)20.8%
D)20.7%

125,000 taparroscas canjeados / 800,000 objetivo X100 = 0.156 x 100 = 15.6%, lo anterior quiere decir que, si el objetivo mensual es del 75%, la redención de taparroscas se quedó por debajo del objetivo logrando un 15.6%, esto es que solamente se logró un 21% del objetivo: 15.6/75.0x100= 0.208 x 100 = 20.8%

16-Reactivo tipo EGEL / Mezcla Promocional

La Barbería "Kings of the World" ha implementado una estrategia en dónde anima a sus clientes a obtener un 30% de descuento en la próxima visita que realices a la Barbería, el objetivo es incrementar la visita de los clientes, así como de mantenerlos fieles a la marca.

Los indicadores de medición del resultado de la estrategia son:

1.Facturaciòn por cliente y servicio solicitado
2.Facturaciòn por sexo de los clientes
3.Nùmero de clientes que regresaron a la Barbería
4.Nùmero total de clientes que regresaron

   E) 1
   F) 2
   G) 3
   H) 4

Investigación de Mercados

Para el examen

EGEL-CENEVAL

Mauricio J. Martínez Delfín, MBA, MSc.

Indice
Investigación de Mercados

Investigación de mercados

Las empresas buscan siempre ser competitivas en mercados cada vez más complicados e hiper-competidos y sin duda para lograr esto requieren entender los beneficios, atributos y soluciones que los clientes y consumidores buscan de nuestras marcas y productos para adaptar las estrategias de mercadotecnia, en este orden de ideas las empresas buscaran modificar su portafolio de productos actuales, analizar una nueva estrategia de precios, desarrollar nuevos productos, evaluar un cambio en el diseño de la marca, evaluar una nueva estrategia publicitaria, encontrar el publico objetivo para una marca, entre otras muchas situaciones de las áreas de mercadotecnia.

La investigación de mercados (IM) es un área dentro del marketing, cuya función principal es el apoyo a la toma de decisiones de mercadotecnia, identificando oportunidades, problemas de los consumidores finales, clientes y clientes intermediarios (canales).

De algún modo, la IM busca el "pulso" de los que está sucediendo en el mercado y dentro de cada consumidor, grupos de clientes y su medio ambiente, comprendiendo, monitoreando y reflexionando sobre los éxitos y fracasos pasados de las decisiones de marketing ejecutadas.

¿Cómo definimos la Investigación de mercados?

De acuerdo a (Malhotra & Birks, 2000) Es la identificación, acopio, análisis, difusión y aprovechamiento sistemático y objetivo de la información con el fin de mejorar la toma de decisiones relacionada con la identificación, solución y detección de oportunidades de Marketing.

En este mismo orden de ideas, la ***American Marketing Association***, define a la investigación de mercados como el vínculo entre el consumidor, el cliente y el público con la empresa productora a través de la información con ola finalidad de identificar y definir oportunidades de negocio y al mismo tiempo también resolver los problemas de marketing, refinar, generar y evaluar nuevas estrategias de marketing y monitorear el desempeño del marketing entendiendo a este como un proceso.

Principales funciones de la investigación de mercados

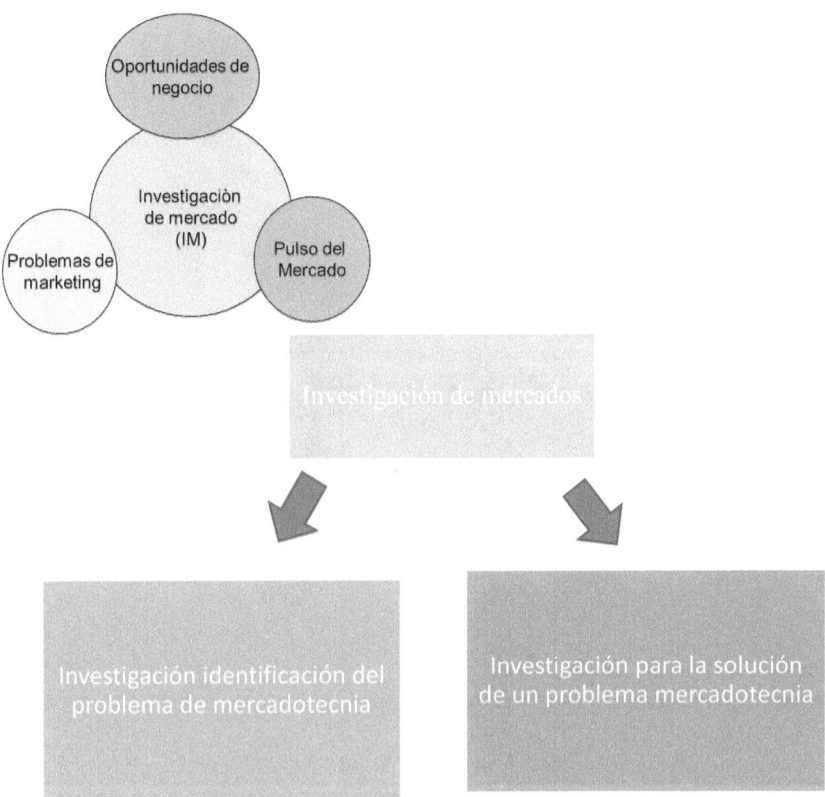

La Investigación de mercados (IM) administra y también implementa el proceso de recopilación de datos, analiza los resultados y comunica los hallazgos y las implicaciones para las marcas y para la organización, en este mismo orden de ideas la IM especifica la información necesaria para *resolver problemas de marketing, como los siguientes:*

1.1-Potencial de mercado

¿El mercado es suficientemente amplio para generar rentabilidad en la línea de productos y marcas?

1.2-Selecciòn del público objetivo o target

¿Quiénes son mis clientes y consumidores objetivo?

1.3- Selección y desarrollo del perfil psicográfico y de comportamiento
¿Qué valores y estilos de vida tienen mis clientes?
¿Qué productos compran, en donde lo compran?
¿Cómo toman sus decisiones de compra?
¿Cuánto compran, en dónde compran y cada cuándo lo hacen?

2-Los problemas relacionados con el desarrollo de productos
-Prueba de concepto
-Diseño optimo del producto
-Probar nuevos empaques y tamaños
-Evaluar el posicionamiento de la marca y de los productos
-Evaluar mercados de prueba en cuanto a la respuesta de los consumidores

3-Los problemas relacionados con los precios

-Impacto del precio en el desarrollo de la marca
-Definir los precios de la línea o líneas de productos
-Cambios en la demanda ante un cambio de precio
-Definir los márgenes de utilidad posibles desde el punto de vista del mercado

4-Los problemas de Mezcla Promocional

-Determinar la mezcla de promoción adecuada
-Decisiones acerca de los medios publicitarios adecuados
-Decisiones acerca del impacto de los mensajes publicitarios
-Medición acerca de la redención de cupones promocionales
-Evaluar el desempeño de campañas de relaciones públicas

Es interesante mencionar que la investigación de mercados es muy útil para definir e implementar estrategias de marketing a través las 4 p`S, pero, también después de implementar las estrategias se tendrán que conducir nuevas investigaciones para evaluar su desempeño en el tiempo.

En resumen, la IM se aplica antes, durante y después de haber implementado las estrategias en el mercado (Go-to-market), es decir, antes: durante la planeación de las estrategias, durante: mientras se aplican las estrategias para evaluar el desempeño y después: para saber que ocurrió al final y si se cumplieron las expectativas deseadas por la alta gerencia.

Aunque la IM es una herramienta importante para apoyar la toma de decisiones de mercadotecnia, es importante mencionar que no es infalible, puede fallar y no hay ninguna garantía de que el resultado sea positivo, ya sea por errores metodológicos, errores en la planeación y en los procesos de investigación; es por esta razón que se recomienda ampliamente seguir de forma rigurosa el diseño de investigación de mercados y cada uno de los pasos que lo componen.

Existen muchos motivos para esa recomendación, ya que si algo está demostrado a lo largo de la historia es que después de haber invertido millones de dólares en IM para el lanzamiento de un nuevo producto, este fracasa de forma escandalosa.

Los casos mas sonados son: "New Coke", "Pepsi Crystal" (Qué ya relanzó en EUA) "Colgate Alimentos preparados" "Tortillas Bonafont" entre muchísimos otros!

Fuente: Bonafont web site, Colgate.

Muchos de estos fracasos han sido sin duda producto de fallas en el diseño de investigación de mercados y en su proceso, por eso es importante seguirlos de manera estricta, en este mismo orden de ideas, la Investigación de mercados como otros tipos de investigación tienen un diseño determinado y de acuerdo a (Malhotra & Briks, 2000) es el siguiente:
1-Definición del problema
2-Realizar investigación exploratoria
3-Construir hipótesis y preguntas generales de investigación
4-Definir el tipo de investigación conclusiva de acuerdo a las preguntas de investigación planteadas (Descriptiva, Causal, Predictiva)
5-Determinar el procedimiento más adecuado para la obtención de la información
6-Diseñar y construir el cuestionario y prueba piloto del mismo

7-Diseñar la muestra tomando en cuenta el error muestral y universo
8-Realizar el trabajo de campo (En caso de levantamiento offline)
9-Tabulaciòn, análisis de datos y recomendaciones al cliente

-El diseño de Investigación de mercado

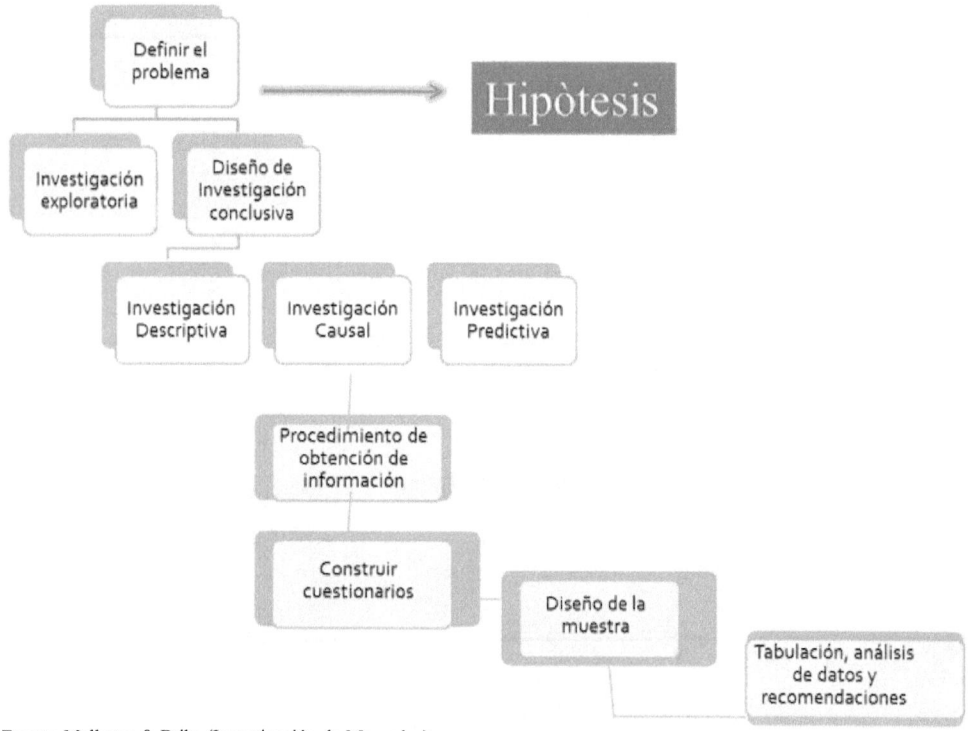

Fuente: Malhotra & Briks (Investigación de Mercados)

1- La definición y comprensión del problema:

Quizá es la parte más importante de la investigación de mercado, aunque no solo es definir el problema, sino también entenderlo y estas son dos cosas distintas, en este sentido nosotros podríamos definir que nuestro problema es por ejemplo, "la baja en las ventas de una línea de yogurts bebibles", sin embargo ante esto, tendríamos que darnos a la tarea de entender las razones y formular las hipóstesis (suposiciones o conjeturas no comprobadas sobre las razones del problema) y para esto tendríamos que realizar la *investigación exploratoria:* por ejemplo: podríamos revisar los reportes de ventas y participación de mercados previamente elaborados, para saber cuales productos específicos han tenido problema, quizá fueron sabores específicos o tamaños de empaque los que ocasionaron en mayor medida la baja en ventas, quizá revisemos también los reportes de precios, con la finalidad de conocer si los precios podrían tener que ver con la baja en ventas, podríamos checar también las opiniones de los clientes en cierto periodo de tiempo para conocer si algunos de ellos tuvieron alguna queja acerca del producto.

La investigación exploratoria: Es útil para conocer el contexto del problema objetivo del estudio, especialmente cuando no se tiene idea de absolutamente nada, es más, en algunas ocasiones ni siquiera se conoce el problema con claridad y sienta las bases para una posterior investigación concluyente.

La investigación exploratoria generalmente está basada en **datos secundarios**, es decir datos que ya fueron publicados y cuyo origen se puede encontrar dentro o fuera de la empresa, por ejemplo los *datos secundarios internos a la empresa: son los contenidos en el SIM (Sistema de Información de mercadotecnia)* reportes de ventas, investigaciones de mercado realizados por la empresa, reportes de cambio de precios, actividades de los competidores, datos proporcionados por los clientes a través de los CRM's, reportes financieros internos, reportes de distribución y servicio a los clientes, entre mucho otros. Por otro lado, tenemos los *datos secundarios externos a la empresa*, estos pueden ser de organizaciones gubernamentales como el INEGI, CONAPO, Banco de México, es decir información gubernamental estadística, demográficas, datos publicados en journals o revistas de investigación, fuentes periodísticas, libros y otras publicaciones.

La investigación exploratoria, es flexible y permite obtener información con relativa rapidez y en su conjunto sirve para entender y a veces definir el problema y ponerlo en contexto, entenderlo mejor, permite formular las preguntas de investigación necesarias para poder identificar la posterior investigación conclusiva que puede ser "Descriptiva" "Causal" o "Predictiva" dependiendo siempre de lo que queramos saber por medio de las preguntas de investigación.

En resumen: tenemos datos primarios y datos secundarios

Secundarios: **Fuentes previamente publicadas e ideales para la Investigación exploratoria**

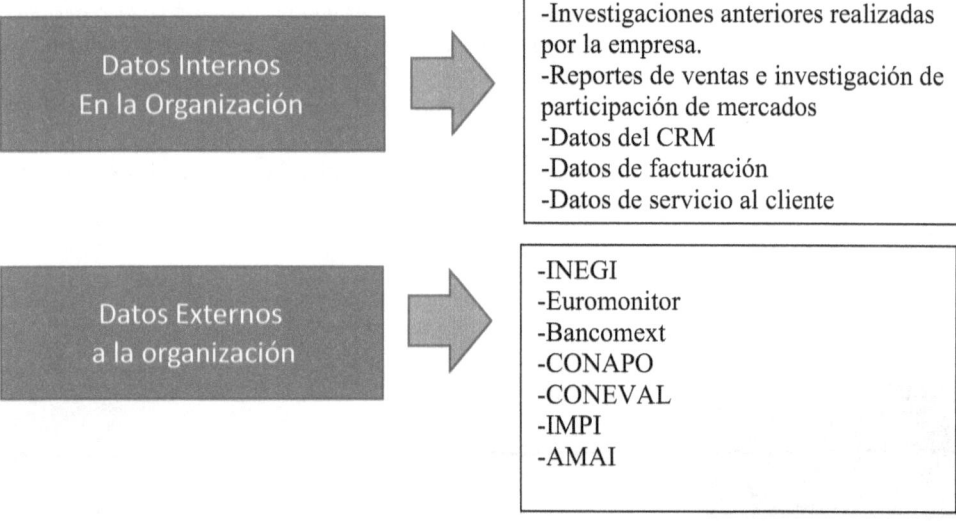

Los datos primarios:

Son los datos que son obtenidos directamente de la fuente original, de "primera mano", el investigador los obtiene de forma directa a través de sus propios mecanismos e instrumentos, la información es recolectada para la investigación particular de que se trate.

Algunos ejemplos pueden ser:

-Encuestas realizadas a los consumidores
-Sesiones de grupo (Focus group)
-Investigaciones Etnográficas y observación directa
-Sondeos
-Entrevistas estructuradas

La investigación conclusiva:

A diferencia de la investigación exploratoria, la investigación conclusiva es un proceso formal, estructurado y metódico, utiliza el método científico, generalmente utiliza muestras representativas y su función principal es poder probar de forma objetiva la hipótesis previamente planteada durante el proceso, así como definir la información necesaria para la investigación formal.

Como ya lo hemos mencionado, la investigación conclusiva puede tener tres "niveles" :

La investigación descriptiva:

La investigación descriptiva tiene como objetivo especificar las características de grupos, comunidades, personas o de hecho cualquier problema a investigar, es útil en mercadotecnia a resolver preguntas como:

¿Quién es el cliente?, ¿Quién es el consumidor? ¿En dónde compra el cliente? ¿Cómo toma sus decisiones de compra? ¿Qué edad tiene? ¿De dónde son originarios? ¿Desde cuándo compra?

En otras palabras, la investigación descriptiva "describe" como su nombre lo indica, permite obtener una "radiografía" completa de los clientes y consumidores"

La investigación causal

La investigación causal mide relaciones entre dos o mas variables, midiendo cada una de ellas para posteriormente analizarlas, dichas relaciones pueden probar las hipótesis planteadas en un inicio del proceso. La investigación causal puede responder las siguientes preguntas:

¿Si bajamos el precio 15% durante 30 días, cuánto incrementará la demanda de nuestras marcas? ¿Si incrementamos 20% los impactos publicitarios, cuanto incrementará la participación de mercado? ¿Si cambiamos la imagen de la etiqueta, tendremos un mayor impacto en la recordación de la marca?

En otras palabras, la investigación causal responde la pregunta ¿Por qué?

La investigación causal de basa en el grado de relación que una variable tiene con respecto a otra y su magnitud, en algunas ocasiones se puede determinar que las variables no se encuentran relacionadas y a esto se le conoce como correlación "espuria"

Para este tipo de investigación son muy útiles las técnicas estadísticas de regresión lineal múltiple o lineal, las cuales relacionan una variable dependiente, de otra independiente para examinar su correlación, fuerza y dependencia.

Por ejemplo: Podríamos utilizar el método de regresión líneal por mínimos cuadrados para poder resolver la relación entre los impactos publicitarios y las ventas durante un numero determinado de años, por ejemplo:

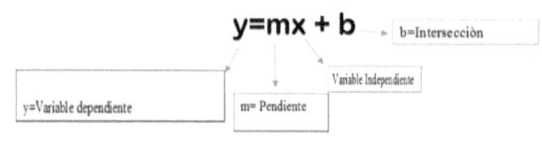

$$m = \frac{n \cdot \Sigma(x \cdot y) - \Sigma x \cdot \Sigma y}{n \cdot \Sigma x^2 - |\Sigma x|^2}$$

$$b = \frac{\Sigma y \cdot \Sigma x^2 - \Sigma x \cdot \Sigma(x \cdot y)}{n \cdot \Sigma x^2 - |\Sigma x|^2}$$

Observaciones	Período	Ventas (y)	Impactos publicitarios (x)	X.Y	χ^2	y^2	Y=mx+b	Diferencia% (Real vs Pronóstico)
1	2011	40	6	240	36	1600	37.08333	-7.291666667
2	2012	44	10	440	100	1936	43.72222	-0.631313131
3	2013	46	12	552	144	2116	47.04167	2.264492754
4	2014	48	14	672	196	2304	50.36111	4.918981481
5	2015	52	16	832	256	2704	53.68056	3.231837607
6	2016	58	18	1044	324	3364	57.00000	-1.724137931
7	2017	60	22	1320	484	3600	63.63889	6.064814815
8	2018	68	24	1632	576	4624	66.95833	-1.531862745
9	2019	74	26	1924	676	5476	70.27778	-5.03003003
10	2020	80	32	2560	1024	6400	80.23611	0.295138889

Pendiente (m)	1.6597
Intersección (b)	27.125

La investigación predictiva

Este tipo de investigación tiene como propósito anticipar situaciones que en el futuro podrían darse, es decir "predice" acontecimientos que podrían darse con cierto grado de certeza a partir de cierto problema planteado. Normalmente este tipo de investigación *involucra los pronósticos de ventas, las proyecciones futuras de crecimiento poblacional, evaluación de tendencias globales en ciertos mercados, proyecciones de crecimiento en participación de mercado*, entre muchas otras. Para este tipo de investigación son muy útiles, el promedio móvil, las tendencias estadísticas a través de diferenciales porcentuales, entre otros.

2-Procedimiento para la obtención de información

¿En dónde encontraremos la información? ¿A quiénes entrevistaremos? ¿Cómo lo haremos? ¿Cuándo lo haremos?

Estas son algunas de las preguntas que se tendrán que responder, cuando deseamos establecer el procedimiento de obtención de información, esta parte de la investigación resulta relevante, pues es justamente en este punto en donde definiremos el origen y la calidad de la información para la posterior recolección, además podremos definir cuantas personas requeriremos para realizar el trabajo y como estas tendrán que ser distribuidas, incluso por zonas geográficas.

Empresas como Coca Cola despliegan un ejército de investigadores, montados en las rutas de ventas y cuidadosamente van evaluando cada manzana, colonia, alcaldía, municipio con la finalidad de recabar información de cada detallista que se encuentra en las diferentes ciudades de la república mexicana.

Lo anterior requiere de una planeación detallada para encontrar a los sujetos de investigación definidos, encuestarlos en el lugar adecuado y en los tiempos correctos.

Los estudios longitudinales

Algunos estudios requieren de ser realizados en varios periodos de tiempo diferentes, esto es a lo largo del tiempo, es muy utilizado en las pruebas de medicamentos para evaluar los efectos de este a un mismo grupo de personas a lo largo del tiempo.

En mercadotecnia podríamos evaluar las diferentes campañas publicitarias a lo largo del tiempo y evaluar a un mismo grupo de personas acerca de si sus preferencias han cambiado o no.

Los estudios transversales

Los estudios transversales, por el contrario, permiten tener una"fotografía" en un momento determinado del tiempo, permite evaluar la magnitud de un fenómeno pero siempre en un momento determinado, por ejemplo: En encuestas políticas, es posible que un candidato pueda estar ganando durante el arranque de la campaña, si embargo, no quiere decir que después de 3 meses mantenga la misma ventaja, sin embargo la medición es correcta en ese momento del tiempo.

El método "Bola de Nieve"

Algunas veces se aplican procedimientos como el "bola de nieve" cuando el problema a investigar resulta difícil encontrar, por ejemplo, encontrar a los "infectados con una enfermedad rara", entonces se buscan a personas que conocen a otras personas hasta llegar a los sujetos enfermos que se encuentran ocultos o que son difíciles de encontrar.

El método "Delphi"

Otros procedimientos pueden incluir el "Método Delphi" el cual se basa en considerar un "panel de expertos" los cuales vierten sus opiniones para entender mejor un fenómeno o problema de investigación que se utiliza para obtener información de tipo cualitativo.

El método puede ser util, aunque no es de ninguna manera concluyente, las opiniones y experiencias son valiosas con la finalidad de entender un problema a profundidad, sin embargo no podrían considerarse únicas para tomar decisiones de negocio.

3-La construcción de los cuestionarios

El cuestionario es el instrumento por excelencia para la recolección de información y existen varios tipos de ellos, con tipos de preguntas distintas, así como escalas que pueden ser utilizadas para una rápida y objetiva recolección de datos.

El diseño de cuestionarios puede ser estructurado, no estructurado o incluso mixto:

Cuestionario Estructurado: Son el tipo de cuestionario, ordenado de acuerdo a los criterios del investigador y a la forma en que este quiere realizar la encuesta, en otras palabras, las preguntas deben estar realizadas de forma congruente y estructurada, de acuerdo con una determinada planificación, siempre manteniendo cierto orden y forma; con el objetivo de recibir exactamente la información que se busca para resolver el problema de investigación.

Ejemplo de un cuestionario estructurado.

Buenos días / tardes, trabajamos para la empresa Investigaciones agrupadas y estamos realizando un estudio sobre los hábitos de consumo de tabaco. Por favor, sería Ud. tan amable de contestar algunas preguntas al respecto.

Cuestionario n°_____

P1.- Ud. es o ha sido fumador de tabaco

Si ☐   No ☐

P2.- ¿De qué tipo de tabaco?

Cigarrillos rubios ☐   Puros ☐
Cigarrillos negros ☐   Pipa ☐
Picadura ☐   Otros tipos ☐

P3.- ¿Cuantas veces fuma al día?

entre 0 y 5 veces ☐
entre 6 y 10 veces ☐
entre 11 y 20 veces ☐
más de 20 veces ☐

P4.- ¿Donde fuma Ud. con más frecuencia?

En mi casa ☐
en el trabajo ☐
cuando estoy con los amigos ☐
Otras veces:_____ ☐

P5.- ¿Cual es la principal razón por la que fuma?

Me gusta mucho ☐
Me calma los nervios ☐
Me entretiene ☐
Es un acto social ☐

P6.- Valore entre 1 y 9 los siguientes motivos para dejar de fumar, siendo 1 poco importante y 9 muy importante

La salud propia	1 2 3 4 5 6 7 8 9
La educación	1 2 3 4 5 6 7 8 9
El precio del tabaco	1 2 3 4 5 6 7 8 9
Las leyes restrictivas	1 2 3 4 5 6 7 8 9
El respeto a terceros	1 2 3 4 5 6 7 8 9
El qué dirán	1 2 3 4 5 6 7 8 9
Los deseos de la pareja	1 2 3 4 5 6 7 8 9
Su simple voluntad	1 2 3 4 5 6 7 8 9

Fuente: Primer encuentro de cuestionarios, Argentina.

Cuestionario No-Estructurado

Son los cuestionarios que tienen un conjunto de preguntas de forma general acerca del tema de investigación y problema e hipótesis a probar; las preguntas son realizadas en el orden que al investigador mejor convenga y dependiendo de la forma en que se desarrolle la encuesta.
.

Cuestionario semiestructurado

Son los cuestionarios que, aunque tienen un orden y estructura, pueden ser formuladas como al investigador mejor convenga, es decir el orden termina *siendo no tan estricto del todo y los enunciados de las preguntas pueden ser hasta cierto punto modificados por el investigador de acuerdo a su conveniencia y al desarrollo de la encuesta.*

Sea cual sea el tipo de cuestionario que se aplique, se debe cuidar que el cuestionario como herramienta de obtención de información, se encuentre alineado a la hipótesis, problema de investigación a resolver.

Es muy común en los estudiantes, que cuando llega el momento de realizar el cuestionario, no saben exactamente que preguntar en él y la razón es que no han tomado en cuenta el problema, la hipótesis, sus variables y posibles indicadores.

Secuencia en la construcción de un cuestionario

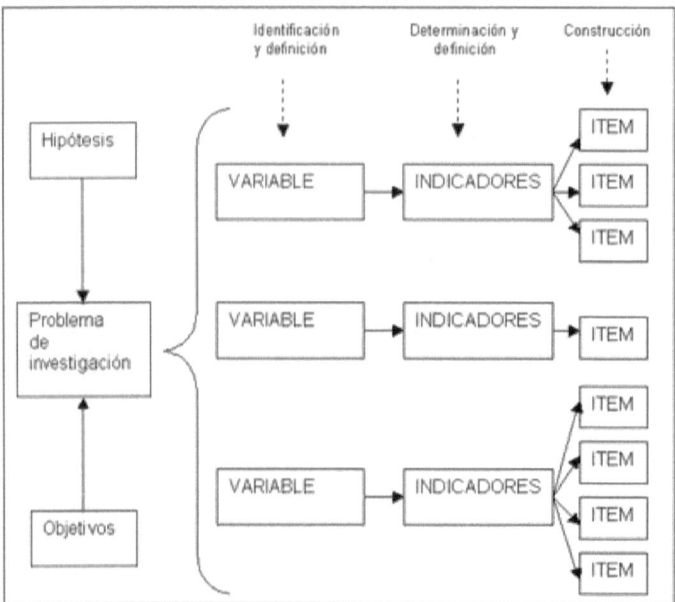

Secuencia lógica para la construcción de un cuestionario

Los tipos de preguntas:

Abiertas:

Se usan cuando se quiere recibir la mayor cantidad de información posible, normalmente son difíciles de codificar, sin embargo, con los nuevos sistemas digitales, se ha facilitado mucho codificarlas por clúster de respuestas similares.

Ejemplos:

¿Qué fue lo que le gustó de nuestra marca?

Las respuestas pueden ser variadas, sin embargo, se podrían agrupar en diferentes tipos de respuestas, por ejemplo: El empaque, el sabor, los colores o aromas del producto, etc.

	R1	R2	R3	R4	Total Respuestas
Atributos	Empaque	Sabor	Color	Aroma	
Respuestas	156	123	86	35	400

Pregunta abierta de profundidad:

Las preguntas de profundidad son complementos de las preguntas abiertas y sirven para extraer la mayor cantidad de información posible, por ejemplo:

Independiente a lo respondido anteriormente: ¿Qué más le gusto de nuestra marca?

Pregunta abierta de clarificación

Busca encontrar una respuesta más clara,

¿Puede explicar la razón por la cual le gustó el empaque de nuestro producto?

Preguntas cerradas:

a)-Dicotómicas

Incluye dos opciones de respuesta, se puede usar al comenzar una encuesta con la finalidad de filtrar a los sujetos de investigación. por ejemplo:

Suponga que va a realizar un cuestionario sobre preferencias de una marca de cerveza, entonces la primera pregunta obligada sería:

¿Consume usted cerveza?

Si____ No_____ (Si la respuesta es "si" continuar con el cuestionario, en caso contrario finalizar)

b)-Opción múltiple con una única respuesta

Este tipo de pregunta contiene más de dos opciones de respuesta y se usa cuando se quiere medir varias opciones de marcas en un determinado segmento y son útiles cuando son un numero de respuestas limitadas por ejemplo:

¿Cuál de las siguientes marcas de jabones comprò usted el mes pasado?

1- Zest _____ 2-Palmolive_____ 3-Dove_____ 4-Camay 5- ¿Otra?
*Mencione cual: _____

*La idea es mezclar, tanto preguntas abiertas, como también cerradas en el cuestionario

La formulación y redacción de las preguntas (4 consejos).

Al momento de realizar las preguntas siempre es importante seguir los siguientes consejos:

1-Ser lo más claro posible a la hora de redactarlos (Que todo el mundo las entienda)

2-Ser lo más específico posible, es decir evitar cosas como ¿Hace mucho ejercicio en la semana? (¿Qué es mucho? O ¿Poco? ¿Y desde el punto de vista de quién?)

3-No usar abreviaturas que puedan confundir o hacer surgir dudas al encuestado

4-Evite inducir respuestas, por ejemplo: ¿Le gustaría ganar 60% más de sueldo?, ¿Le gustaría una muestra gratis de nuestro producto? En otras palabras, preguntas con respuestas obvias que serán la mayoría de las veces respondidas con una respuesta positiva.

Las mediciones y escalas

En la elaboración de los cuestionarios, puede ser necesario incluir algunos tipos de escala, en especial cuando se quiere establecer algún proceso de medición, en este sentido las escalas resultan muy útiles y de acuerdo a (McDaniel & Gates, 2009) el propósito de las escalas de medición es representar de forma cuantitativa el lugar que ocupa un artículo, persona o evento.

En las escalas se asignan números o figuras a personas, objetos, empresas, acontecimientos de acuerdo a reglas específicas, las cuales representan la cantidad o calidad de los atributos de determinados atributos.

Escala nominal: Las escalas nominales son una de las más comunes en la IM, en esta escala se asignan letras, números, o alguna figura, las cuales sirven como etiquetas de identificación para cada elemento o ítems dividiendo los datos en categorías.

Un ejemplo de ellos, son los reactivos de este mismo libro:

Ejemplo:

¿Qué tipo de comercio representa usted?

A) Mayorista

B) Minorista
C) Detallista
D) Bróker

Escala ordinal: La escala ordinal es la escala que clasifica los objetos o ítems de acuerdo con su magnitud en una clasificación ordenada, es útil cuando se busca que los encuestados clasifiquen en orden sus respuestas asignando valores ordinales. Es común encontrarlas cuando se realizan los "Ranking de mejores universidades" o el "ranking de las 600 mejores empresas

En escala ordinal, menciones de más a menos los refrescos de cola preferidos por usted

1er Coca-Cola
2do Pepsi-Cola
3er Big Cola
4° Fiesta Cola

Escala de intervalos: La escala de intervalos es la escala que clasifica los objetos o ítems de acuerdo a su magnitud y permite la comparación de ellos. Las diferencias entre los objetos se pueden comparar a partir del punto (0). Por ejemplo: 1-2, 2-3, 3-4, es decir se utilizan distancias numéricamente iguales. La escala de intervalos se utiliza ampliamente para medir actitudes, preferencias, opiniones e intereses.

En una escala del 1-10 (1 indica menor preferencia y 10 mayor preferencia)

¿Qué opina de nuestro servicio de entrega a domicilio?

Escala de razón: La escala de razón tiene todas las propiedades de las escalas nominal, ordinal y de intervalos, en este sentido las escalas de razón permiten identificar y sobre todo comparar los intervalos o las diferencias planteadas en las otras escalas. En otras palabras, la escala de razón permite comparar los resultados de la escala ordinal, nominal y de intervalos.

Algunos ejemplos que pueden medirse con la escala de razón son:

-*Ingresos*
-*Gastos*
-*Facturación*
-*Rentabilidad*
-*Ventas*

Veamos un ejemplo para clarificar cómo funcionan

Escala	Ejemplos	
Nominal	Tipos de marcas	a) Marca distribuidor
		b)Marca segunda
		c)Marca Mùltiple
Ordinal	Posiciòn en el mercado (Ranking)	1er- Coca-Cola
		2do- Pepsi
		3er - Big Cola
Intervalos	Preferencias	Preferencia del (1-10)
		Coca Cola 7
		Pepsi 5
		Big Cola 2
		Red Cola 1
De Razòn	Usa todas las anteriores para compararla	

Figura	Escala Nominal	Escala ordinal	Escala Intervalos	Escala de Razón
	Tipo de tienda	Participación de mercado	Preferencia (1-10)	Ticket promedio de compra
A	Tienda Walmart	50%	9	$ 550.00
B	Tienda Superama	25%	5	$ 700.00
C	Tienda Bodega Aurrerà	25%	7	$ 350.00

Explicación:

Cuando comparamos las diferentes tiendas, podemos observar que Walmart es la tienda mejor calificada por los clientes y con una mayor participación en el mercado, Superama le sigue en nivel de preferencias y al final tenemos a la tienda Bodega Aurrerà con la menor calificación de servicio, pero con una igual participación de mercado que la tienda Superama. (25% ambas).

¿Por qué sucede esto?

La escala de razón, es una escala que el investigador propone para ser comparada con el resto de las variables, en este caso es el ticket promedio de venta que los consumidores pagan por cada carrito promedio de compra. En este sentido las personas tienen un mayor gasto promedio en las tiendas Superama, sin embargo, gastan la mitad en tiendas Bodega Aurrera y esta tienda, aunque más austera gana preferencia en servicio y mantiene su participación de mercado igual a Superama. En resumen, de acuerdo a estos datos, las personas responden a la preferencia motivados quizá por un precio más bajo y un gasto ticket promedio menor por carrito de compras $350.00.

Escala de Likert: Las escalas de Likert, tienen como función medir los niveles de "acuerdo" o "desacuerdo" de un reactivo determinado, mediante una serie de elementos, ítems

A la hora de preparar una escala de Likert se tiene que tomar en cuenta los siguientes aspectos:

1-La preparación de ítems y preguntas pueden ser planteados en forma positiva o negativa dependiendo la forma en que se quiera obtener y comunicar la información recabada.

2-Los ítems tienen que tener un puntaje determinado, dependiendo las actitudes positivas o negativas que se pretenda medir.

3-Se asignan puntuaciones a los entrevistados, la puntuación obtenida de cada persona se obtiene mediante la suma total de los distintos ítems

Veamos un ejemplo:

Planteamiento positivo:

Los hoteles City Express siempre cuentan con una calidad excelente en todos sus servicios.

     (2) Totalmente de acuerdo
     (1) De acuerdo
     (0) Indiferente
     (-1) En desacuerdo
     (-2) Totalmente en desacuerdo

Los ítems pueden generar una tendencia positiva o negativa, en este caso entre mayor cantidad de puntos acumulados, mejor la calificación en el nivel de servicio.

Planteamiento negativo:

Los hoteles City Express *son caros y no cuentan con la calidad esperada en todos sus servicios.*

     (2) Totalmente de acuerdo
     (1) De acuerdo
     (0) Indiferente
     (-1) En desacuerdo
     (-2) Totalmente en desacuerdo

Los ítems pueden generar una tendencia positiva o negativa, en este caso entre mayor cantidad de puntos acumulados, peor la calificación para los hoteles "City Express"

Escalas de comparación pareada: Las escalas de comparación pareada son útiles para conocer las preferencias de los encuestados acerca de un cierto número de elementos, por ejemplo: en investigación de mercados puede ser utilizada para conocer la valoración de una serie de marcas pertenecientes a una categoría especifica.

Ejemplo de una escala de comparación pareada

Producto	Coca Cola	Pepsi-Cola	Red Cola	Big Cola	Numero de veces preferida
Coca-Cola		1	2	3	6
Pepsi-Cola	1		2	1	4
Red Cola	1	0	0	2	3
Big Cola	0	1	1	0	2

En esta escala podemos observar la preferencia de las marcas, por ejemplo, Coca-Cola es preferido una vez sobre Pepsi, dos veces sobre Red Cola y 3 veces sobre Big Cola, lo cual la hace la marca preferida sobre otros competidores del segmento con 6 veces totales de preferencia.

Escala de diferencial semántico: La escala de diferencial semántico, es útil para que los encuestados relacionen los conceptos, adjetivos o incluso atributos en forma bipolar y antagónica, es decir con extremos opuestos, separados de una especie de regla graduada. Esta escala es útil para evaluar, por ejemplo, los resultados de una degustación para un nuevo café.

Atributos	1	2	3	
Fuerte	x			Dèbil
Dulce			x	Amargo
Obscuro		x		Claro

En los resultados podemos evaluar que el nuevo café es de un sabor fuerte y amargo, con una tonalidad obscura.

Escala de calificación o rango: Esta escala es muy útil cuando se requiere asignar alguna calificación a un objeto o incluso cuando no se quiere entrar de forma directa a un tema como podrían ser el nivel de ingresos o edad de una persona.

¿Elija la opción que más se ajuste al nivel de sus ingresos?

A) De $0-$2500
B) De $2,600-$3,100
C) De $3,200-$3,700
D) De $3,800 ò más

¿Selecciona el rango de edad en el que te encuentras?

1) 20-25
2) 26-31
3) 32-37
4) 38-43

4-El diseño de la muestra.

Una vez que determinamos el método de recolección de datos y hemos construido los cuestionarios, con las escalas y los reactivos (según sea el caso) es importante probarlos en un número determinado de personas para garantizar que puedan ser entendidos y respondidos sin problema e inmediatamente definir el tamaño de la muestra o número de personas que encuestaremos.

Por ejemplo: Una empresa quiere medir la satisfacción de sus clientes de una marca determinada, el primer paso es establecer un marco muestral eligiendo de una base de datos determinada (Que bien podría ser un CRM) que incluye la cantidad de clientes que han comprado el producto durante el último año, en este sentido cada uno de esos clientes representarían las unidades muestrales y al seleccionar a una fracción representativa de estos clientes obtendríamos una muestra. A la proporción derivada entre el tamaño de la muestra y al universo se le conoce como una fracción muestral y en conjunto determinan la precisión de los resultados que obtendremos de la investigación.

Ahora bien, existen dos tipos de muestreo, estos son (probabilístico y no probabilístico), en el muestreo probabilístico, por un lado, todos los elementos de la población tienen una probabilidad mayor a "cero" de ser seleccionada en la muestra, y por otro lado la probabilidad de incluir cada elemento de manera precisa. En resumen, para el método probabilístico se requiere un marco muestral.

En el caso de muestreo no-probabilístico es normal seleccionar elementos basados en una hipótesis que puede ser relativa al criterio de selección, un buen ejemplo sería ir caminando por la calle y seleccionar una muestra intentando que aproximadamente el 50% sean del género masculino y 50% del género femenino, partiendo de que esta es la proporción relativa de las población y no nos permite conocer con exactitud los márgenes de error y los niveles de confianza, algunos ejemplos de estos muestreos son el "bola de nieve" "muestreo por cuotas".

Método probabilístico

a)-Muestra aleatorio simple

Es el método mas conocido en donde cada miembro de *la población tiene la misma probabilidad de figurar en la muestra,* su fundamento es muy sencillo, es como si eligiéramos extraer determinados nombres de personas que participaron en un concurso de una tómbola.

b)-Muestreo aleatorio sistemático

Este método es parecido al anterior, pero quizá un poco más sencillo, supongamos que tenemos una lista con 5,000 nombres y nosotros queremos elegir una muestra aleatoria de 100 nombres, para este caso el primer paso es elegir un numero aleatorio entre 1-50, posteriormente elegiremos a esa persona y a cada quincuagésima persona. (cada 50 personas).

¿Cómo hacerlo?

Primero: Elegir un numero entero, el cual debe ser menor al numero total de individuos de una población en particular. Este número corresponderá al primer sujeto de estudio de forma aleatoria, a continuación, se elegirá el intervalo, el cual es un numero entero que servirá como la diferencia constante entre dos números consecutivos, como si estos estuvieran en intervalos.

Por ejemplo:

Tenemos una población de 100 personas y necesitamos una muestra de 15 personas, el número inicial será de 5 (un numero entre 1 y 50) posteriormente se seleccionará el intervalo, en este caso será de 10.

Entonces:
Suponiendo que cada individuo representa un número, la muestra quedaría conformada de la siguiente manera:

5, 15,25,35,45,55,65,75,85,95,105,115,125,135,145

Como se puede observar, tenemos 15 personas con sus diferentes números elegidos a través del muestreo aleatorio sistemático.

c)-Muestreo por conglomerados (Muestreo clúster)

El muestreo por conglomerados o por clúster, es el muestreo que se realiza a grupos específicos y relativamente homogéneos dentro de cada grupo de la población, en otras palabras, de divide la población en varios subgrupos llamados "clúster" y mediante una muestra aleatoria simple o sistemático se seleccionan a los individuos sujetos a estudio.

Por ejemplo, la población de la Ciudad de México, se divide en diferente clúster con ubicaciones geográficas distintas, podríamos elegir personas de 20-35 años de las diferentes colonias dentro de la ciudad, con la finalidad de evaluar sus valores y estilos de vida particulares. Por lo regular se eligen zonas mayores a 50,000 habitantes para lograr la representatividad estadística.

El muestreo por áreas, forma parte del muestreo por conglomerados y como ya se mencionó consiste en dividir a la población en diferentes zonas geográficas, por ejemplo, dentro de una ciudad especifica.

Normalmente, se dividen las colonias, municipios o alcaldías en áreas geográficas mas pequeñas llamadas AGEBS (Área Geoestadística Básica) que son básicamente lo que conocemos como "manzana"

La importancia de esta técnica se basa en proporcionar a todos los conglomerados la misma posibilidad de ser seleccionados.

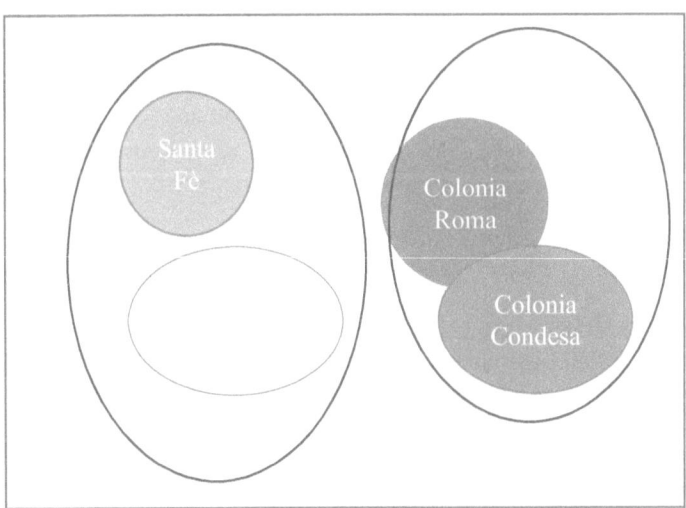

Ejemplo de muestreo por conglomerados o clúster en el área metropolitana

AGEBS o manzanas seleccionadas en la Ciudad de México

Método No- Probabilístico

a)-Muestra basada en la conveniencia del investigador

Este método NO es recomendable para realizar investigación descriptiva, causal, ni predictiva y la razón es que no tiene un fundamento científico y representativo, es decir de ninguna forma es concluyente. La razón es que la investigación esa basada en la selección de sujetos que son autoseleccionados por el investigador, un buen ejemplo de este tipo de estudios son las entrevistas que se realizan durante un noticiero a personas que van caminando por la calle de forma "aleatoria" para preguntarles acerca del desempeño del presidente, o las personas que llaman a un programa de radio para dar su opinión.

Sin embargo, este método puede ser útil cuando se está realizando la investigación "exploratoria", en donde las ideas y conocimientos son más importantes que la objetividad científica, es útil para entender el problema de investigación y formular una serie de hipòtesis pero otra vez, no es concluyente.

b)-Muestreo basado en cuotas
El mercadólogo elige a la población de acuerdo a rasgos y cualidades que sean semejantes al total de la población, es decir que la reflejen.

Por ejemplo, si un mercadólogo desea entender el mercado objetivo para una línea de productos proteínicos para atletas que asisten de forma asidua a un gimnasio, en este caso se espera que el investigador evalúe un segmento especifico de personas de cierto grupo de edad, quizá el 52% de las personas entre 22-35 años estarán interesadas en adquirir los productos, así como los subgrupos derivados (por ejemplo: aquellos que son hombres o mujeres). Este método es útil cuando se van a realizar estudios como los grupos focales, paneles de consumidores u opinión pública, sin embargo, no hay que olvidar que la muestra no es de ningún modo representativa.

d)-Muestreo basado en Juicio del Investigador
La eficacia de la muestra por juicio depende directamente de la opinión del investigador o en su caso del experto que haya seleccionado a los miembros, por ejemplo: cuando se selecciona

104

a alguna ciudad para realizar "pruebas de mercado piloto" para algún producto nuevo que será lanzado al mercado. El método funciona en muestras pequeñas, sin embargo, no podemos decir que esta muestra sea representativa de la población que pretendemos medir, tampoco es posible proyectar los resultados o extrapolarlos con un determinado nivel de confianza.

El cálculo de la muestra

En el caso del examen, nos centraremos en el método probabilístico, cuya formula seria la siguiente para un universo finito.

Ejemplo:

Una empresa sabe que del total de sus consumidores que son 80,000 registrados en su base de datos (CRM) solo el 25% de ellos menciona que sus productos son de excelente calidad. La empresa desea entrevistar a estos consumidores acerca de las razones por las cuales estos clientes opinan de forma positiva acerca de los productos y marcas de la compañía.

El departamento de investigación de mercado aplicará un nivel de confianza del 95% y considerará un error muestral del 5%.

¿Cuántas encuestas tendrán que ser aplicadas para tener un estudio de mercado completo? Los datos con los que cuentas son los siguientes:

Valor de Z_a	1.15	1.28	1.44	1.65	1.96	2.24	2.58
Nivel de confianza	75%	80%	85%	90%	95%	97.5%	99%

Finita

$$n = \frac{N * Z_a^2 * p * q}{e^2 * (N - 1) + Z_a^2 * p * q}$$

Nivel de Confianza desea, las más comunes	Es el Monto de Error que se puede tolerar	Nivel de confianza	Zσ	1.96	95%
Tamaño de la Población	Para poblaciones mayores de 20,000 la muestra ya no se altera significativamente	Universo o Población	N	20,000	Inferior a 500000
Distribución de las respuestas (más conservadora es 50%) a favor y 50% en contra	Termino estadístico más sofisticado, si no se conoce, use 50%, que es la muestra más exacta	Probabilidad a favor	p	0.5	unitaria (ex 50 % = 0.5)
		Probabilidad en contra	q	0.5	
% Error quiere aceptar, 5% es lo más común		Error de la estimación	e	0.05	unitaria (ex 5 % = 0.05)
		Tamaño de la muestra	n	377	377

$$n= \frac{(1.96)2 * 20,000 * .50 *.50}{(0.05)2 * (20,000 - 1) + (1.96)2 * .50 *.50}$$

$$n= \frac{3.84*20,000*.50*.50}{(0.0025*19,999) + 3.84*0.25}$$

$$n= \frac{76,800 \times 0.25}{49.997 +0.96}$$

$$n= \frac{19,200}{50.957}$$

n= 377

Podríamos tener el caso de que la población se planteara como "infinita" o mayor a 500,000, en este caso podríamos agregar la siguiente formula estadística:

Población Infinita

$$n = \frac{Z_\alpha^2 * p * q}{e^2}$$

Valor de Z_α	1.15	1.26	1.44	1.65	1.96	2.24	2.58
Nivel de confianza	75%	80%	85%	90%	95%	97.5%	99%

Una empresa fabricante de bebidas lácteas sabe que podría tener éxito en la República Mexicana, el nivel de confianza determinado por el investigador es del 95% y el margen de error es del 5%

En donde:
Z = nivel de confianza,
P = probabilidad de éxito, o proporción esperada

Q = probabilidad de fracaso
e = precisión (error máximo admisible en términos de proporción)

Entonces:

Población Infinita

$$n = \frac{Z_\alpha^2 * p * q}{e^2}$$

$$n = \frac{(1.96*1.96) \, x(0.50 * 0.50)}{0.05 \, x \, 0.05}$$

$$n = \frac{3.84 \, x \, 0.25}{0.0025}$$

$$n = \frac{0.96}{0.0025}$$

n= 384

Una vez que realizamos el muestreo y tenemos listos los cuestionarios, es momento de realizar el trabajo de campo.

5-El trabajo de campo

El trabajo de campo, su planeación y seguimiento es una tarea ardua, pero necesaria para llevar la investigación a campo. Sin la operación de campo la investigación no podría realizarse de forma satisfactoria.

El trabajo de campo tiene también un proceso particular, el cual analizamos a continuación:

5.1-Selección de los encuestadores: Debido a que los encuestadores son las personas que se acercaran a levantar la información en las calles o incluso en los hogares de los clientes actuales o potenciales, su selección cobra una alta importancia, pero:

¿Qué características deben tener los encuestadores?

Por las largas jornadas de trabajo que los encuestadores deben realizar en las calles, se recomienda que las personas sean sanas, pero también agradables, con habilidades de comunicación y por supuesto tener experiencia en otros estudios.

5.2-Capacitaciòn: Una vez que se ha seleccionado a los capacitadores es muy importante capacitarlos acerca de la empresa, los productos, las marcas, los empaques, los clientes, así como el objetivo de la investigación que realizarán, el tipo de clientes o personas que encuestarán, la forma en que deben llenar y calificar de forma uniforme los cuestionarios, entre muchos otros temas particulares de cada estudio.

5.3-Supervisiòn:
La supervisión es muy importante para controlar que los cuestionarios sean aplicados de forma uniforme y conforme a las políticas y procedimientos previamente establecidos, también servirá para *evitar fraudes,* por ejemplo: el hecho de que los cuestionarios sean llenados por los encuestadores sin haber entrevistado a las personas objetivo del estudio.

Cuando se va a realizar la supervisión en campo, es importante contratar un numero deter minado de "supervisores" por zona, explicarles su función y en general capacitarlos para dicha tarea, ellos serán evaluados posteriormente de acuerdo a los resultados que se obtengan durante el siguiente paso de la investigación, el cual será la validación.

5.4-Validaciòn:
Una vez que se ha realizado la supervisión, el siguiente paso es la validación de la información recabada por los encuestadores, el objetivo es verificar que los cuestionarios son auténticos. Generalmente *se tendrá que llamar o contactar entre el 10% y el 25% de las personas entrevistadas* y verificar que efectivamente fueron encuestadas por los trabajadores.

5.5- Evaluación:

En este ultimo punto del trabajo de campo, es importante retroalimentar a los trabajadores de campo, ante posibles problemas que hubieran podido encontrar a la hora de realizar el trabajo, inculcarles nuevamente las mejores practicas para el levantamiento de la información y ofrecer soluciones para los problemas del día a día. El evaluar el desempeño de los encuestadores en etapas tempranas de la investigación, nos evitara muchos problemas posteriores durante el resto del proceso.

6-La codificación, tabulación, el análisis de datos.

Una vez que se ha realizado el trabajo de campo, es tiempo de efectuar, el procesamiento de la información, los datos serán preparados para su clasificación y posterior análisis, en este sentido el primer paso es la codificación:

1-Codificaciòn

La codificación consiste en clasificar los datos obtenidos y clasificarlos en diferentes categorías, pudiéndose utilizar para este fin símbolos, códigos, ya sean letras o números, en otras palabras, se asigna a cada opción de respuesta un numero o una letra que permita identificarla y tabularla rápidamente.

Ejemplo 1

¿Cuál de las siguientes marcas de jabones compro usted el mes pasado?

Solo responder una sola opción:

1- Zest _____ 2-Palmolive_____ 3-Dove_____ 4-Camay 5-Niguna de las anteriores_____

Al ser una sola opción de respuesta se le asignará un código a esta respuesta única, en este caso será el código **"R1"**

R1	
Ìtem	# Respuestas
1	97
2	96
3	86
4	64
5	57
Total	400

Ejemplo 2

¿Qué opina de nuestra marca de champú?

Código	R1	R2	R3	R4	R5
Atributo	Aroma	Color	Tamaño	Rendimiento	Espuma

Ejemplos de posibles respuestas a la pregunta abierta, agrupada en atributos.

2-Tabulaciòn

La tabulación consiste básicamente en contar las unidades codificadas mediante algún software informático como SPSS o de forma manual. La tabulación puede realizarse de forma simple o univariable o multivariada, cuando se requiere cruzar información. Es posible que los resultados de la información demuestren que un 80% de personas opinaron de forma favorable acerca de la marca, pero quizá quiera saber cuantos eran hombres y cuantas mujeres y de estos cuantos opinaron del sabor y cuantos, del empaque, es en este momento cuando es viable utilizar un método multivariado cruzando la información recabada.

Aroma	Color	Tamaño	Rendimiento	Espuma	Total
R1	R2	R3	R4	R5	
125	76	87	45	67	400

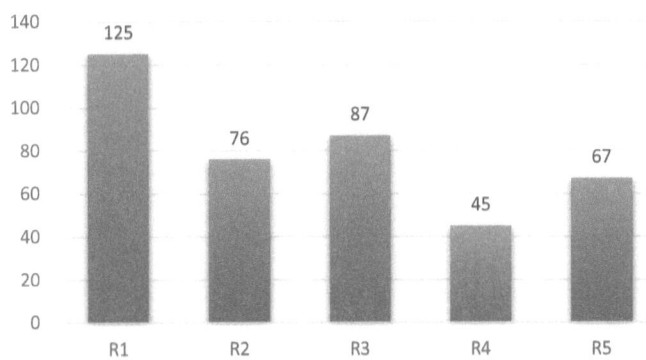

Grafica de resultados de la encuesta atributos del producto.

7-Informe de resultados y recomendaciones.

El informe final es un documento escrito, el cual tiene como finalidad dar a conocer los resultados de la investigación, presentando los hallazgos, hechos, datos, graficas, procedimientos de investigación, muestreo y por supuesto su análisis e interpretación indicando los resultados, conclusiones y recomendaciones finales.

Cuando se realice el informe escrito es muy importante considerar los siguientes aspectos de forma:

1-Portada
2-Contenido
3-Resumen ejecutivo
  3.1-Principales hallazgos
  3.2-Conclusiones
  3.3-Recomendaciones
  3.4-Metodologìa empleada (Cualitativa, Cuantitativa, Triangulación)
4-Lista de tablas
5-Lista de graficas
6-Lista de apéndices
7-Lista de ilustraciones

En este mismo orden de ideas, también es importante plantearnos los siguientes aspectos:

1-¿Quién es nuestra audiencia? ¿Quién o quienes van a leer el informe?
Es importante considerar el perfil de nuestra audiencia y sus antecedentes técnicos, profesión, puesto dentro de la empresa, lo anterior con la finalidad de afinar los términos con los que se escribirá el informe, sin embargo, en todo caso es importante considerar no utilizar termino rebuscados o demasiado técnicos que puedan confundir al público. En otras palabras: hay que construir el mensaje considerando al receptor y no a nivel emisor.

2-Redaccion de forma lógica y estructurada
Considerar una estructura fácil de seguir y con mucha claridad, utilizando títulos para los temas y subtítulos para los subtemas.

3-Incluir cuadros y graficas
Es importante incluir el numero suficiente de cuadros y graficas que resultan importantes para reforzar el texto del informe, también se pueden utilizar fotografías, mapas y otros elementos gráficos que ayuden a la mejor comprensión de los resultados.

4-Apariencia profesional
Tipografía uniforme en todo el reporte, graficas que incluyan la pregunta y la base total de encuestas y respondientes, impreso en papel de alta calidad, impreso en colores para poder distinguir las gráficas, encuadernado y con el número de copias necesarias para cada uno de los interesados. Así mismo es conveniente considerar los equipos de audio, video necesarios para la presentación y probarlos previo a la presentación formal.

La Investigación cualitativa

Cuando se requiere profundidad en la información, no hay nada mejor que la investigación cualitativa, por ejemplo: quizá mediante la investigación cuantitativa podemos saber de forma general que sabor de yogurt es el que mas se vende y cuál de ellos el que menos participación de mercado tiene, sin embargo, si lo queremos es ir mas a fondo y conocer las causas por las cuales se vende mas uno u otro, entonces tendremos que recurrir a la investigación cualitativa con el objetivo de conocer las razones intrínsecas de los consumidores, evaluando su respuesta en forma directa cuando prueban el producto en tiempo real, mediante pruebas organolépticas dentro de un "focus group"

La investigación cualitativa también resulta muy útil durante la investigación exploratoria y a través de ella podemos conocer con mucha más profundidad las posibles razones del problema para posteriormente probar la hipòtesis mediante la investigación conclusiva.

La investigación cualitativa se basa en entrevistas, sondeos, observación directa o indirecta, así como de estudios etnográficos, es decir es de carácter multimetòdico e interpretativo y busca interpretar fenómenos culturales e ideológicos producto de las propias palabras de los consumidores y de las conductas que estos presentan de forma directa.

Por lo anterior es muy importante conocer las diferencias entre una investigación cuantitativa y cualitativa, la cual se explica en el siguiente cuadro comparativo:

Diferencias entre la Investigación cuantitativa V.S. cualitativa

	Investigación Cualitativa	Investigación Cuantitativa
Tipos de preguntas	Sondeo	Sondeo limitado, preferencia por mucstra representativa.
Tamaño de la muestra	Pequeño	Grande y representativo
Cantidad de información	Considerable	Varía de acuerdo al cuestionario.
Requerimientos para la administración	Entrevistador con capacidades especiales	Investigador con menos capacidades especiales

Tipo de análisis	Subjetivo, interpretativo	Estadístico y de recapitulación
Hardware	Equipo de sonido y video, fotografías, guías de tópicos	Cuestionarios, computadoras, impresiones.
Grado de duplicación	Bajo	Elevado
Capacitación del investigador	Psicología, sociología, psicología social, conducta del consumidor, marketing, Inv. de mercados.	Estadísticas, modelos de decisión, sistemas de apoyo de decisiones, programación de computadoras, marketing e Investigación de Mercados.
Tipo de investigación	Exploratoria	Concluyente

Los estudios etnográficos:

La etnografía es el estudio mediante la observación del ser humano en su medio ambiente, consiste en observar de manera sistemática las practicas culturales de diferentes grupos de seres humanos, que pueden incluir: creencias, mitos, costumbres, lenguaje, forma de expresión e incluso arte y su manifestación.

En tiempos recientes y debido al avance en la tecnología también la investigación etnográfica ha evolucionado y ahora podemos encontrar los siguientes métodos de investigación etnográficos como:

-La videografía

La videografía se refiere al proceso de captura de imágenes en medios electrónicos los cuales incluyen métodos de producción y video. En investigación de mercados, la videografía se utiliza como método de observación indirecta para evaluar el comportamiento del consumidor en su medio ambiente natural, por ejemplo: La empresa de ropa deportiva "Puma" utiliza el método videográfico para evaluar quienes son sus clientes, que rol juegan en su grupo de amigos o familia, que edad aproximada tienen, si son los lideres o seguidores de sus respectivos grupos, ente otros datos importantes para la toma de decisiones de la compañía.

Puedes ver el siguiente video en donde se muestra la forma en que la videografía actúa como método de investigación de observación indirecta.

Documental ¿Por qué compramos?
https://www.youtube.com/watch?v=QpiSHo66d-k

-La auto videografía

Al igual que la videografía, la auto videografía permite que los consumidores auto videograbarse con la finalidad de conocer "un día típico de su vida" es decir en el video se pueden ver los estilos de vida, desde que se levantan, hasta que se acuestan por la noche, en este sentido son comunes las auto videografías de "Un día típico de un ejecutivo" o el "día típico de la ama de casa"

-La Netnografia

El termino Netnografia fue utilizada por primera vez en 1997 por Robert V. Kozinets de la universidad de sur de california y es el estudio etnográfico a través de las redes sociales, con la finalidad de conocer los estilos de vida de las personas a través diferentes aplicaciones en internet.

Entrevistas de profundidad

La entrevista de profundidad es aquella en donde el investigador, que es por lo general un especialista, con conocimientos de psicología, sociología o incluso un mercadólogo con mucha experiencia, interactúa con los sujetos de investigación de uno a uno, cara a cara y de forma directa y personal con cada uno.

Es común que durante la entrevista de profundidad se aliente a los sujetos de investigación a expresarse con absoluta libertad acerca de las ideas que tiene acerca de un producto, marca o cualquiera que sea el objetivo de la investigación, en este sentido el investigador tendrá que darse a la tarea de reconocer las respuestas que no son claras o incompletas con la finalidad de conocer las opiniones, actitudes y motivos profundos que puedan tener los entrevistados con relación al producto o marca.

Para este fin, se pueden utilizar algunas preguntas de clarificación:

¿Qué quiere decir con eso que expresó?, ¿Podría darnos un ejemplo de eso?, ¿Podría aclararme eso ultimo que dijo por favor? Eso es muy interesante…. Continua por favor. Incluso analizar los manierismos como los movimientos de manos, cabeza, sonreír, orientación de la mirada, expresión facial, entre otros tipos de lenguaje no verbal. Es importante que el entrevistador hable lo menos posible y deje expresar con libertad a los entrevistados.

La ventaja principal de la entrevista de profundidad es sin duda la posibilidad de obtener respuestas mucho más completas en comparación de aquellas recibidas por medio de una encuesta tradicional, en donde las respuestas son más superficiales

Fuente: psicoactiva.com 'El lenguaje no verbal, el arte de expresarse sin hablar'

Principales diferencias entre la entrevista de profundidad vs una entrevista enfocada

Entrevista a profundidad	Entrevista Enfocada
Es holística en cuanto que la investigación esté regida por la vida, experiencia, ideas, valores y estructura simbólica del entrevistado aquí y ahora. Se requieren de varias entrevistas cara a cara. Es un mapa dinámico de la configuración vivencial y cognitiva de un individuo. (Historia de vida, aprendizaje y situacional).	Preguntas planteadas de forma estandarizada, es más estructurada y cuenta con un foco de interés predeterminado hacia el que se orienta la conversación. Se selecciona la persona a entrevistar, se busca dar respuesta a cuestiones muy concretas. No hay cuestionarios, pero si hay cuestionamiento. Es redundante en el tema de interés.

Las sesiones de grupo (Focus Group)

Las sesiones de grupo, también conocidos como grupos focales o "focus group" son similares a las entrevistas de profundidad y sirven para realizar "la investigación exploratoria", sin embargo, con la diferencia que en los grupos focales no es de "uno a uno", en lugar de eso, *se seleccionan entre 8 y 12 participantes* como máximo y que sean elegidas por su ambiente cultural o psicográfico. Es importante que el estudio no tenga menos de ocho participantes, ya que entre menos personas se encuentren en el estudio, mayor responsabilidad y presión experimentaran durante el mismo.

Las sesiones de grupo son útiles durante la investigación exploratoria, especialmente cuando se busca obtener ideas acerca de algún producto, o conocer si existen problemas con los productos actuales o incluso evaluar el atractivo de un producto nuevo. También este tipo de estudios son útiles para detectar o evaluar las actitudes, ideas, marco de referencia cultural u otros patrones conductuales.

La desventaja principal de las sesiones de grupo y en general otros estudios del tipo cualitativo es que las personas entrevistadas no representan estadísticamente a la población, por lo que no se puede utilizar como única herramienta de investigación para la toma de decisiones de mercadotecnia.

Como otros tipos de entrevistas, la figura clave es el entrevistador, que en este caso se le llama "moderador" *quien tiene que contar con algunos atributos: por ejemplo: que sea sensible con los miembros del grupo, pero al mismo tiempo firme para dirigir los grupos* (Weiers, 2003) por lo regular durante la sesiones es común que uno de los entrevistados tome el liderazgo o intente dominar la sesión del grupo, lo cual demanda maniobras para que la entrevista no termine en discusión o enfrentamiento.

Para la realización del estudio se sugieren las siguientes acciones:

1-El moderador tendrá que iniciar la sesión comunique cual es el objetivo de la investigación y tratar de "romper el hielo" con los entrevistados.

2-Alentar a que los participantes se presenten e incluir un gafete con su nombre

3-Estudiar la guía de tópicos de forma previa

4-Utilizar una cámara de Gesell o algún lugar que permita privacidad durante el estudio

5-El estudio deber ser videograbado, previa autorización de los invitados

6-Se recomienda preparar algún incentivo para los invitados (premios, regalos, vales, etc)

Etapas en la elaboración de una sesión de grupo:

Fase 1

1. Defina el objetivo. Identifica estos temas con toda claridad y a detalle.
2. Defina el perfil de los participantes. Deben reflejar a tu consumidor meta.
3.-Seleccionar y reclutar a los participantes, tamaño del grupo (8-12 personas), incentivos para los grupos de enfoque, número de sesiones y sede de los grupos de enfoque.

Fase 2:

Efectuar las discusiones del grupo.
4.- Selección del moderador
5.- Preparación de la guía de tópicos
6.- Inicio de la sesión del grupo y cierre.

Fase 3:

Analizar y reportar los resultados.
7.- Recapitulación: Oportunidad de incluir opiniones de expertos de mercadotecnia, junto con las del moderador, comentarios con el cliente y perfección de la sesión de grupo.

Fase 4:

8.- Análisis de contenido: Transcribir las respuestas y clasificarlas por categorías.
9.- Entrega de resultados: Debe de comunicar ideas e información útil, debe ser clara y precisa, además debe tener una secuencia lógica de resultados.
10.- Formato del informe: Estilo narrativo con frases completas apoyadas con citas de las conversaciones del grupo.

La guía de tópicos:

Es el documento guía que el moderador utilizará para conocer los temas que se abordaran durante la sesión y debe incluir las preguntas que se realizarán, la secuencia en la que los temas deben ser abordados.

La guía de tópicos es el equivalente al cuestionario en la investigación cuantitativa y es por esta razón que debe ser congruente, clara, concreta y totalmente orientada a cumplir con el objetivo del estudio a realizar.

¿Cómo hacerla? Ejemplo:

Se realizará una investigación acerca del uso de la red social Facebook en jóvenes entre 18-22 años y las motivaciones que estos jóvenes tienen para pasar mas de 8 horas promedio usando la red social. El objetivo es conocer los motivadores que los llevan a esta permanencia y su intensivo de la aplicación.

1.-Saludo y Presentación:
(Comenzaremos con un saludo amigable y una dinámica que nos ayudará a identificar la esencia de la personalidad de cada uno de los invitados)

-Hola, buenos días; el día de hoy estamos aquí para platicar sobre Facebook. Pero antes de continuar, vamos a presentarnos. Frente a ustedes tienen un plumón y una hoja de papel, en esa hoja escribirán su nombre e inmediatamente después, voltearemos esta hoja boca abajo.

Hagámoslo juntos. Ahora, la dinámica será: Decir una característica propia y la escribiremos junto a su nombre.

Empezaremos por mí, para poner el ejemplo: Mi nombre es Diana y "soy diferente." (y todos nos presentamos) Ahora colocaremos nuestra hoja a la vista de todos para que podamos recordar los nombres más fácilmente.

2-Explicar brevemente la actividad:

Se entregarán unas hojas volteadas, y solamente se les dará siete segundos para completar las frases. Posteriormente se compartirán las respuestas y se podrán hacer las preguntas con técnica proyectiva.

Mi Papá significa_____
Cuando estoy con mi Mamá, me siento_____
Mis amigos son como_____
Le hago más caso a mis amigos que a_____
Cuando hay comentarios negativos en mi Facebook, me siento: _____
Cuando hay comentarios positivos en mi Facebook, me siento_____

3.- Pasatiempos:

Preguntar a todos, por su nombre, "¿Cuáles son sus pasatiempos?". Es importante mantener un ambiente amable y de comodidad, para que no parezca una entrevista, si no una plática en la que todos participan. Tener en cuenta que los invitados contesten: ¿Con quién? ¿Cuándo? ¿Dónde? y ¿Para qué?

Materiales: Hacer en cartulina tarjetas de 20 x 10 con las preguntas: ¿Con quién?, ¿Cuándo?, ¿Dónde? y ¿Para qué?

4.-Presentación:

Daremos una leve introducción al tema, platicando un poco sobre la historia y crecimiento de Facebook, así como su importancia e influencia en la juventud.

Materiales: Presentación en cañón proyector.

Ejemplo:

En sus inicios solo existía una red social, creada en Estados Unidos, para los alumnos de una universidad. En el 2004 se hacen populares paginas para encontrar amigos, como Friendsfinder.com. Facebook tiene más de 300 millones de usuarios registrados a nivel mundial, y la cifra aumenta diariamente, gracias al interés de las personas de interrelacionarse entre ellos.

Existen otras redes sociales como Twitter, Instagram, pero sin duda alguna Facebook es la más importante hoy en día.

Estudios han demostrado que la mayoría de los usuarios son mujeres, y que existe una relación estrecha entre la cantidad de amigos que se tiene en Facebook vs la cantidad de tiempo que invertimos en esta red. A su vez, se han encontrado estudios sobre su relevancia e influencia en la sociedad. "

5.- Actividades en Facebook:
- Mensajes
- Fotografías
- Test
- Juegos
- Volverte Fan
- Comentarios

En parejas:

1.- Acomodar jerárquicamente de acuerdo al tiempo que invierten en esa actividad
2.- Crear asociación de ideas, colocar al lado de las actividades las características mencionadas en las tarjetas.

Comunicación, pertenencia, reconocimiento, vanidad, exhibición, autoconocimiento, añoranza, nostalgia, evasión, soledad, identificación, asociación, baja autoestima e inseguridad.

Preguntar sobre soledad, baja autoestima, inseguridad, evasión y exhibición.

6.-Conclusiones y cierre:

En esta sección, daremos entrada a los invitados para que den una conclusión personal. Y cerraremos, dando a los invitados, una visión practica sobre las aplicaciones positivas de Facebook, y terminar con la frase:

-"La tecnología nos acerca a los más lejanos y nos aleja de los más cercanos"
-
Al terminar la Sesión de Grupo se deberá entregar al cliente:

-Un CD con la sesión de grupo grabada o disco duro.

-Transcript de la sesión de grupo.

-Conclusiones

Las técnicas proyectivas

Las técnicas proyectivas son técnicas derivadas de la psicología clínica y están basadas en las respuestas ante los estímulos realizados por el investigador, al igual que los grupos focales y las entrevistas de profundidad, esta técnica ayuda a conocer las actitudes, opiniones, comportamiento que a través de una encuesta directa no podrían ser detectados por la superficialidad de las respuestas. En otras palabras, las técnicas proyectivas buscan encontrar actitudes mas profundas, entre las técnicas proyectivas se encuentran:

1) La asociación de palabras:

Se le muestran a los entrevistados una serie de palabras, para que por libre asociación se busque el significado que tienen esas palabras para cada persona, respondiendo con los primero que venga a su cabeza.

Por ejemplo: Responda la primera idea que venga a su cabeza al escuchar los siguientes conceptos:

Palabra (estimulo)	Respuestas
-Universidad	_____
-Título Universitario	_____
-Examen EGEL	_____
-Familia	_____
-Automóvil	_____

2) Completar oraciones

1.-Mi Papá significa_____
2.- Cuando estoy con mi Mamá, me siento: _____
3.- Mis amigos son como: _____
4.- Le hago más caso a mis amigos que a: _____
5.- Cuando hay comentarios negativos en mi Facebook, me siento: _____
6.- Cuando hay comentarios positivos en mi Facebook, me siento: _____

3) Completar historias:

El señor Martínez y su hijo Mauricio de 7 años de edad han decidido ir de compras al supermercado mas cercano, con la finalidad de realizar compras de alimentos para la semana. Luego de llenar el casi toda la lista de compras, han llegado al anaquel de cereales, en donde por cierto hay una gran cantidad de productos, entonces ellos:_____
_____

d)-Test con caricaturas o fotografías

Fuente: Ford Motor Company

Hola Juan. ¿A dónde vas con tu auto nuevo?

Sujeto 1

"A dar una vuelta"
"A buscar a mi novia"
"A comprar comestibles"
"Tengo una cita de trabajo"

Sujeto 2
Hola Alejandro ¿A dónde vas con tu auto nuevo?
"A ningún lado, esta cosa no quiere arrancar"
"A lavar el auto"
"A cambiar el auto por otro modelo más confiable"

4)-Interpretación con dibujos (TAT)

Esta técnica se basa en la prueba de percepción temática (TAT).

Se muestra al entrevistado un dibujo por demás ambiguo y se le solicita que realice una narración alrededor de la imagen y que la describa desde su muy particular punto de vista.
.

5. Técnicas de Tercera persona.

Muy útil para temas delicados, como enfermedades de transmisión sexual, sexualidad, u algún tema delicado del que no se quiera hablar en primera persona. Usualmente se le pregunta a la persona acerca de como los primos, amigos, vecinos, etc., responderían ante una situación dada. La idea es lograr que el entrevistado se proyecte a través de ellos acerca de sus verdaderos sentimientos.

¿Conoce usted alguna persona que tenga "determinada enfermedad" y el tratamiento que ha llevado?

6- Collage

Una técnica muy utilizada para conocer la personalidad de la marca, del producto o incluso de su publicidad. Al entrevistado se le muestra la imagen de marca y se le proporcionan revistas para que recorte las imágenes de lo que percibe de ese producto o marca sin tener necesariamente que escribir para describirlo.

Fuente: Vans.com

¡Ahora ha llegado el momento de responder algunas preguntas del capitulo!

¡Mucha suerte!

1-Reactivo tipo EGEL / Investigación de mercados
Una empresa refresquera necesita conocer los efectos en el cambio de imagen de su refresco "Fiesta Cola", la cual ya lleva más de 10 años en el mercado, la idea es conocer si los consumidores aceptaran la imagen y asegurarse de que no tendrá un impacto negativo en las ventas y la participación de mercado.

¿Cuál es el tipo de investigación de mercado que tiene que realizar la empresa?

A)-Investigación Predictiva
B)-Investigación Causal
C)-Investigación Descriptiva
D)-Investigación Exploratoria

2-Reactivo tipo EGEL / Investigación de mercados
Alejandro es un emprendedor que hace algunos años inició una pequeña empresa dedicada al mantenimiento de baterías para automóviles eléctricos, cuyo mercado está creciendo a un ritmo del 4% anual y la tendencia es que se incremente a 15% a finales del 2022.

¿Cuál es la investigación que llevó inicialmente a Alejandro a tomar la decisión de orientar la empresa hacia ese mercado en crecimiento?

A)-Investigación Predictiva
B)-Investigación Causal
C)-Investigación Descriptiva
D)-Investigación Exploratoria

3-Reactivo tipo EGEL / Investigación de mercados
La empresa fabricante de la marca de ropa "Aeropostal" originaria de los Estados Unidos de América se encuentra preocupada ya que no conoce los valores y estilos de vida de los clientes potenciales en México, país al que desean incursionar en el año 2020; cabe señalar que la empresa detectó que la industria textil ha crecido 10% en el último año, razón por la cual el entrar al mercado mexicano se ha convertido en una estrategia prioritaria.

¿Qué tipo de Investigación conclusiva necesita realizar la empresa?

A)-Investigación Predictiva
B)-Investigación Causal
C)-Investigación Descriptiva
D)-Investigación Exploratoria

¿Qué tipo de Investigación ya realizó la empresa?

A) Investigación Predictiva
B) Investigación Causal
C) Investigación Descriptiva
D) Investigación Exploratoria

4-Reactivo tipo EGEL / Investigación de mercados

La empresa "Bimbo" sabe que el 20% de la población actual de México, está cambiando a alimentos orgánicos y funcionales, segmento que ha crecido más del 30% en los últimos años. Debido a lo anterior la empresa necesita realizar una investigación de mercado que le ayude a conocer las preferencias de los consumidores considerando un 95% de confianza y un error del 3%. Z=1.96

¿Cuántas encuestas tendrán que ser aplicadas para tener un estudio de mercado completo?

A)348
B)358
C)682
D)685

5-Reactivo tipo EGEL / Investigación de mercados

Una empresa fabricante de bebidas energéticas sabe que el 30% de la población en México prefiere los productos funcionales y una cuarta parte de ellos consume al menos dos veces a la semana alguna bebida energética. El estudio proyecta un 90% de confianza y un 5% de error muestral Z=1.65

¿Cuál es el tamaño de la muestra que se tendrá que aplicar en el estudio?

A)73
B)75
C)78
D)79

6-Reactivo tipo EGEL / Investigación de mercados

Una empresa fabricante de mermeladas necesita saber la muestra de la población que consumirá mermelada de frambuesa. Los datos demuestran que la población de 1,345,000 de las cuales el 60% de ellas tiene una probabilidad del 50% de consumir dicho producto. El protocolo de Investigación requiere un 95% de confianza y un 5% de error muestral. Z=1.96

¿Cuántas encuestas se requieren aplicar en esta investigación?

A)348
B)384
C)416
D)422

7-Reactivo tipo EGEL / Investigación de mercados

Una empresa fabricante de café soluble necesita saber la muestra de la población que consumirá su "nuevo "café de olla" Los datos demuestran que la población de 11,643,000 personas, de las cuales el 60% de ellas tiene una probabilidad del 25% de consumir dicho producto. El protocolo de Investigación requiere un 95% de confianza y un 5% de error muestral. Z=1.96

¿Cuántas encuestas tendrá que realizar la empresa?

A)248
B)288
C)238
D)258

8-Reactivo tipo EGEL / Investigación de mercados

La empresa Nestlé desarrolló su plan anual de mercadotecnia y en su análisis FODA obtuvo información importante para el desarrollo de estrategias y tácticas que implementará el próximo año.

Identifique las fuentes secundarias que sirvieron para el análisis del plan de mercadotecnia.

1-Crecimiento del 20 % en el segmento de cafés solubles en el mercado
2-Incremento en el consumo de café soluble por las tardes y noches
3-Preferencia por los sabores de café soluble sabor canela
4-Incremento en la participación de mercado del segmento de café soluble
5-Ley del impuesto del valor agregado en donde se impone 16% IVA
6-Cambio en las preferencias por empaques bio-degradables de los cafés

A)1,3,4
B)1,4,5
C)2,4,6
D)2,5,3

9-Reactivo tipo EGEL / Investigación de mercados

La cafetería de la Universidad quiere conocer qué tipo de alimentos ofrecidos durante el día son los de mayor preferencia para los clientes y de mayor rentabilidad para el negocio, el objetivo es identificar esta información con la finalidad de evaluar el lanzamiento de nuevos productos el año próximo.

Identifique las fuentes secundarias que serían útiles para obtener la información

1-Encuesta a los alumnos que visitan la cafetería
2-Registro de las ventas por platillo de los últimos 3 meses
3-Revista de especialidad de gastronomía
4-Estados de resultados por cada uno de los platillos de los últimos 3 meses
5-Sondeo aleatorio de los alumnos que visitan la cafetería durante el desayuno
6-Investigaciòn de precios de competencia realizada el año pasado.

A)1,3,4
B)1,4,5
C)2,4,6
D)2,5,3

10-Reactivo tipo EGEL / Investigación de mercados

Una empresa productora de alimentos procesados se encuentra por lanzar sus nuevas salchichas ahumadas bajas en sales y el director de productos de consumo ha decidido realizar una investigación utilizando fuentes primarias externas con la finalidad de conocer las opiniones de los consumidores acerca del sabor de las salchichas, así como de su consistencia y respuesta organoléptica ante el estímulo del sabor.

Identifique las fuentes primarias externas necesarias para el estudio

1-Encuestas a los consumidores habituales del producto en los autoservicios
2-Degustación a través de muestras a consumidores en los autoservicios
3-Degustación a los ejecutivos y otros empleados de la empresa
4-Sondeo de mercado en los autoservicios a los consumidores potenciales
5-Grupos focales con degustación a consumidores actuales del producto
6-Muestras a amas de casa y posterior encuesta para conocer su opinión

A)1,3,4
B)1,4,5
C)2,4,6
D)2,5,6

11-Reactivo tipo EGEL / Investigación de mercados
Una empresa fabricante de jugos y néctares ha detectado un crecimiento por arriba del 35% en las bebidas a base arándano, también ha detectado que otros sabores de jugos han sufrido decrementos importantes del 15% al 20%, especialmente los sabores de cítricos, en donde la caída ha sido del 12%. La dirección de mercadotecnia supone que la caída en estos productos se debe al alto contenido de azúcar que estos sabores contienen.

¿Qué tipo de investigación recomendarías para resolver el problema y tomar decisiones de mercadotecnia?

A)-Investigación Predictiva
B)-Investigación Causal
C)-Investigación Descriptiva

D)-Investigación Exploratoria

12-Reactivo tipo EGEL / Investigación de mercados

Alejandro es el propietario de una agencia de viajes situada en el sureste de la república mexicana y está evaluando el impacto que tendrá el nuevo tren maya que cubrirá las principales zonas arqueológicas de la península de Yucatán. Alejandro ya consultó el plan de gobierno y el proyecto del tren maya supone que este podría generar un crecimiento de más del 60% de incremento en el turismo de la zona. Sin embargo, Alejandro necesita realizar su plan de marketing y su campaña de comunicación y saber si la pauta de la publicidad en Facebook, deberá ser en el idioma inglés, chino mandarín o español.

¿Qué tipo de investigación deberá realizar Alejandro?

A)-Investigación Predictiva
B)-Investigación Causal
C)-Investigación Descriptiva
D)-Investigación Exploratoria

13-Reactivo tipo EGEL / Investigación de mercados

Una empresa refresquera desea lanzar un nuevo tamaño de refresco de manzana de 3.0 litros, dirigidos a familias con 3-4 hijos y en donde los hogares están compuestos por los padres y también los tíos y abuelos, sin embargo, la dirección no está segura que exista el tamaño de mercado adecuado para el lanzamiento de dicho empaque.

¿Cuáles serían las fuentes adecuadas para realizar la investigación de mercado?

1-Realizar grupos focales a los consumidores de refrescos manzana
2- Consultar el INEGI para verificar crecimientos demográficos en México
3-Realizar observación directa en tienda para verificar el comportamiento del consumidor
4-Solicitar a una agencia de investigación de mercados un estudio acerca de la tendencia de consumo en las familias mexicanas.
5-Realizar encuestas estructuradas mediante muestra representativa a las familias mexicanas.
6-Consultar la página del Banco de México

A)1,3,4
B)1,4,5
C)2,4,5
D)2,5,6

14-Reactivo tipo EGEL / Investigación de mercados

Una empresa fabricante de cereales para niños ha detectado un crecimiento inusual de su cereal "choco-choco" el cual no contiene azúcar, ni conservadores, ni colorantes artificiales. El incremento en la venta de la marca del cereal es muy poco común y muy atípica, ya que la tendencia es la disminución de los hijos que en la década pasada llegaba a 4 hijos por familia y que hoy solo son dos por familia. La anterior información demuestra que no hay más niños que pudieran estar produciendo un incremento en las ventas de la marca del cereal.

¿Qué tipo de investigación recomendarías?
A) Un grupo focal con las mamás de los niños que consumen el producto
B) Un grupo focal con los niños que consumen el producto
C) Un grupo focal con los niños y los padres de los niños
D) Un grupo focal para evaluar el sabor de los productos

15-Reactivo tipo EGEL / Investigación de mercados

Una cadena de autoservicios, ha detectado una baja en la preferencia de los clientes y desea conocer cuál es la cadena de tiendas competidoras que tiene la mejor calificación en el servicio al cliente.

¿Qué tipo de escala utilizarías para conocer la calificación?

A) Escala Nominal
B) Escala Ordinal
C) Escala de Razón
D)Escala de Likert

16-Reactivo tipo EGEL / Investigación de mercados

Una cadena de restaurantes está interesada en conocer si el precio de sus productos tiene una relación directa con los últimos resultados de participación de mercado, ventas y la calificación del nivel de servicio de sus productos. Los datos indican una caída del 10% en ventas, y caída de 3 puntos de participación de mercado, así como una caída en los resultados de nivel de servicio.
¿Qué tipo de escala sería la adecuada para medir esta relación de variables?

A) Escala Nominal
B) Escala Ordinal
C) Escala de Razón
D)Escala de Intervalos

17-Reactivo tipo EGEL / Investigación de mercados

Una empresa de Investigación de mercado se encuentra en la planeación para realizar una investigación comercial llamado "Panel de detallistas" que tiene como objetivo el conocer el número de detallistas que existen en la Ciudad de México y los productos de consumo que adquieren para su posterior venta al público. La agencia ya estableció los objetivos de investigación y tamaño de la muestra y ahora necesita establecer la forma de realizar el trabajo de campo.

¿Cuál es el orden correcto para la realización del trabajo de campo?

( ) 1-Supervisiòn
( ) 2-Capacitaciòn
( ) 3-Selecciòn
( ) 4-Evaluaciòn
( ) 5-Validaciòn

18-Reactivo tipo EGEL / Investigación de mercados
Una empresa fabricante de juguetes se encuentra por lanzar su nuevo juego de mesa "Dos"
el cual es un juego de cartas basado en diferentes colores y números; el problema es que la
compañía no conoce el público objetivo al cual tendrá que dirigir la estrategia de marketing,
en especial las edades adecuadas para que los clientes entiendan la mecánica del juego y
puedan disfrutarlo.

¿Qué tipo de escala incluirías en el cuestionario de investigación?

A) Escala Nominal
B) Escala Ordinal
C) Escala de Razón
D)Escala de Intervalos

19-Reactivo tipo EGEL / Investigación de mercados
Una empresa necesita realizar una investigación de mercados y para ello, necesita establecer
el diseño de investigación de mercado.

¿Cuál es el orden correcto para realizar la investigación?

( ) 1-Determinar la Investigación concluyente
( ) 2-Determinaciòn y definición del problema
( ) 3-Establecer el procedimiento de obtención de información
( ) 4-Establecer la muestra
( ) 5-Construir cuestionarios
( ) 6-Tabular los datos
( ) 7-Realizar trabajo de campo
( ) 8-Presentar informe al cliente.

20-Reactivo tipo EGEL / Investigación de mercados

Una empresa fabricante de teléfonos inteligentes desea saber el grado de satisfacción de los
clientes y ha incluido una pregunta clave en el cuestionario:

¿Qué tan satisfecho está usted con nuestro modelo Huawei b-10?

¿Qué tipo de escala recomendarías para tener una perspectiva clara de la satisfacción del
cliente?

A) Escala de comparación pareada
B) Escala de Likert
C)Escala de diferencia semántico
D)Escala de suma constante.

21-Reactivo tipo EGEL / Investigación de mercados

La empresa de cosméticos Maybelline ha lanzado una campaña de publicidad para dar a conocer su nueva línea de labiales, por lo que necesita saber el posicionamiento que ha logrado durante su introducción al mercado.

Identifique la técnica de investigación de mercados cualitativa que debe aplicar:

A) Encuestas
B) Prueba Piloto
C)Sesiones de Grupo
D)Muestra representativa

22-Reactivo tipo EGEL / Investigación de mercados

Consiste en la obtención de información relativa a un tema o problema o situación determinada se realiza mediante cuestionarios orales o escritos que se pueden aplicar mediante diversos medios como el correo electrónico, llamadas telefónicas o personalmente

A) Experimentación
B) Encuesta
C)Sesiones de Grupo
D)Observación

23-Reactivo tipo EGEL / Investigación de mercados

Marinela está desarrollando nuevas promociones en sus diferentes tipos de pastelitos, para niños de 08 a 10 años, antes de introducirlos al mercado pretende realizar una investigación para determinar a detalle los gustos y preferencias, por tal motivo se invitarán a los niños a participar en una plática de forma individual y se diseñará una mecánica específica para ellos.

Determine el instrumento a utilizar:

A) Cuestionario con preguntas cerradas
B) Guía de Tópicos para Focus Group
C) Guía de Tópicos para entrevista a profundidad
D) Lista de cotejo para observación

24-Reactivo tipo EGEL / Investigación de mercados

Walmart te ha contratado para una investigación de mercados, con la finalidad de determinar las características de sus clientes, ¿qué compran? ¿cada cuánto compran, ¿dónde compran?

Para resolver este problema que tipo de investigación aplicarías:

A) Investigación predictiva
B) Investigación descriptiva
C)Investigación casual
D)Investigación exploratoria

25-Reactivo tipo EGEL / Investigación de mercados

Ante la oportunidad de mercado que se presenta, una compañía de bolsas ecológicas lanza una campaña para dar a conocer sus bolsas, por lo que necesita saber el posicionamiento que ha logrado durante la fase pionera de su publicidad.

¿Qué técnica de investigación de mercado cualitativa debe aplicar?

A) Encuestas
B) Muestra representativa
C) Prueba Piloto
D)Sesiones de grupo

26-Reactivo tipo EGEL / Investigación de mercados

Se trata de técnicas cualitativas, no estructuradas e indirectas para la obtención de información, con el objetivo de que éstos proyecten sus motivaciones, creencias, actitudes, o sentimientos, generalmente ocultos, profundos y generalmente inconscientes.

A) Técnicas Prospectivas
B) Técnicas Proyectivas
C)Técnicas Cualitativas
D)Técnicas de Cuestión

27-Reactivo tipo EGEL / Investigación de mercados

La empresa "Victoria Secret" desea lanzar al mercado sus nuevos modelos primavera-verano, los cuales son importados del extranjero, para lo cual se requiere de una investigación de mercados de la que se obtengan gustos y preferencias tomando en cuenta los siguientes datos del público objetivo:

Target: Mujeres
Unidades de muestreo: 18 y 35 años
Alcance: Nacional

Tipo de muestreo: Transversal en una etap
Determine el objetivo de investigación:

A) Incrementar la participación de mercado
B) Establecer el precio de venta del consumidor
C) Conocer el tipo de ropa íntima a lanzar
D) Conocer colores y texturas más aceptada

28-Reactivo tipo EGEL / Investigación de mercados

Microsoft está desarrollando un taller de creación de video juegos para niños de 10-13 años cuyo objetivo será fomentar el interés y las habilidades en las áreas de ciencia y tecnología.

Antes de inaugurar el curso, se pretende realizar una investigación para determinar a detalle los gustos y preferencias, por tal motivo se invitará a las mamás para platicar de forma individual y profundizar en sus opiniones y preferencias

Determine el tipo de instrumento a utilizar:

A) Cuestionario con preguntas cerradas
B) Guía para Focus Group
C) Guía para entrevista de profundidad
D) Lista de cotejo para observación

29-Reactivo tipo EGEL / Investigación de mercados

La empresa "Allen" de productos químicos lanzará un detergente en "capsulas" para máquinas lavatrastos, lo anterior servira para saber si su producto será exitoso y se venderá. Por tal motivo la empresa realizará una investigación de mercados para conocer el grado de aceptación de su producto.

¿Cuál es la hipòtesis del proyecto de investigación?

A) La mayor parte del mercado no utiliza máquinas lavatrastos
B) Los detergentes en capsulas son más costosos
C)La empresa producirá grandes cantidades de detergente
D)Los dueños de las máquinas lavatrastos comprarán detergentes en capsulas

30-Reactivo tipo EGEL / Investigación de mercados

Un grupo de artesanos mexicanos del estado de Hidalgo, desean comercializar objetos de cerámica, por lo que se han asesorado y capacitado. Ellos han tomado la decisión de llevar a cabo una investigación de mercado. Lo que saben es que están a hora y media de Puerto Veracruz (un lugar turístico) y que tienen capacidad de elaborar 50 piezas a la semana.

Identifique el alcance de la investigación de mercados.

A) Geográfico
B) Demográfico
C)Psicográfico
D)Conductual

31-Reactivo tipo EGEL / Investigación de mercados

La cadena de casinos "Game-City" realiza un extenso estudio de percepción de su marca entre el público habitual de ese tipo de establecimientos, lo anterior es para averiguar los atributos de valor que inclinan a los clientes para decidir entre una marca u otra, además de las razones por las cuales los clientes recurrentes de este establecimiento han dejado de asistir.

Identifique el alcance de esta investigación de mercado.

A) Geográfico
B) Psicográfico
C)Económico
D)Demográfico

32-Reactivo tipo EGEL / Investigación de mercados

Miguel es el socio fundador de la agencia de investigación de mercados "Mercadometrìa" la cual está ubicada en Cancún, Quintana Roo. Recientemente han observado un decremento importante del 25% en la actividad turística en la ciudad y al mismo tiempo un incremento en el sargazo en las playas, por lo que muchas empresas hoteleras se han acercado a la agencia de Miguel con la finalidad de realizar investigaciones de mercado que les puedan orientar acerca de si el sargazo es el culpable de la baja en el turismo durante el último año.

¿Cuál es el tipo de investigación concluyente que tiene que realizar Miguel?

A) Investigación Exploratoria
B) Investigación Causal
C)Investigación Descriptiva
D)Investigación Predictiva

¿Cuál es el tipo de investigación que ya realizó Miguel?

A) Investigación Exploratoria
B) Investigación Causal
C)Investigación Descriptiva
D)Investigación Predictiva

33-Reactivo tipo EGEL / Investigación de mercados

La agencia "Nodal" ubicada en la Ciudad de México, trabajan desde algunos años para la empresa Coca Cola, y ha realizado estudios para evaluar el perfil de consumidores que compran el refresco de la marca "Fanta", la empresa refresquera no tiene claro a quien va dirigida la marca. Hace no muchos años la marca intentó con el segmento de adolescentes y la agencia detecto una caída del 15% en las ventas de Fanta, durante el año pasado. Después de haber realizado diferentes investigaciones se concluyó que el publico objetivo de Fanta, son niños entre 9-14 años de edad.

¿Qué tipo de Investigación realizó la agencia?

A) Investigación Exploratoria
B) Investigación Causal
C)Investigación Descriptiva
D)Investigación Predictiva

RESPUESTAS INVESTIGACIÓN DE MERCADOS

1-Reactivo tipo EGEL / Investigación de mercados

Una empresa refresquera necesita conocer los efectos en el cambio de imagen de su refresco "Fiesta Cola", la cual ya lleva más de 10 años en el mercado, la idea es conocer si los consumidores aceptaran la imagen y asegurarse de que no tendrá un impacto negativo en las ventas y la participación de mercado.

¿Cuál es el tipo de investigación de mercado que tiene que realizar la empresa?

A) Investigación Predictiva
B) Investigación Causal
C)-Investigación Descriptiva
D)-Investigación Exploratoria

La respuesta es "Causal" ya que lo que la empresa quiere medir es si los consumidores (variable dependiente) aceptarán la nueva imagen (variable independiente), es decir la relación entre ambas variables.

2-Reactivo tipo EGEL / Investigación de mercados

Alejandro es un emprendedor que hace algunos años inicio una pequeña empresa dedicada al mantenimiento de baterías para automóviles eléctricos, cuyo mercado está creciendo a un ritmo del 4% anual y la tendencia es que se incremente a 15% a finales del 2022.

¿Cuál es la investigación que llevó inicialmente a Alejandro a tomar la decisión de orientar la empresa hacia ese mercado en crecimiento?

A) Investigación Predictiva
B) Investigación Causal
C)Investigación Descriptiva
D)Investigación Exploratoria

La respuesta correcta es Investigación Exploratoria ya que Alejandro investigo a través de datos secundarios ya publicados acerca de la industria y el mercado.

3-Reactivo tipo EGEL / Investigación de mercados

La empresa fabricante de la marca de ropa "Aeropostales originaria de los Estados Unidos de América se encuentra preocupada ya que no conoce los valores y estilos de vida de los clientes potenciales en México, país al que desean incursionar en el año 2020; cabe señalar que la empresa detectó que la industria textil ha crecido 10% en el último año, razón por la cual el entrar al mercado mexicano se ha convertido en una estrategia prioritaria.

¿Qué tipo de Investigación conclusiva necesita realizar la empresa?

A)-Investigación Predictiva
B)-Investigación Causal
C)-Investigación Descriptiva
D)-Investigación Exploratoria

La respuesta correcta es investigación descriptiva, ya que lo que desea saber son las características de los clientes a los que se dirigirá en México.

¿Qué tipo de Investigación ya realizó la empresa?

A)-Investigación Predictiva
B)-Investigación Causal
C)-Investigación Descriptiva
D)-Investigación Exploratoria

La respuesta correcta es "Exploratoria" ya que la empresa ya realizó investigación acerca del crecimiento de la industria a través de datos secundarios externos (Los datos ya publicados)

4-Reactivo tipo EGEL / Investigación de mercados
La empresa "Bimbo" sabe que el 20% de la población actual de México, está cambiando a alimentos orgánicos y funcionales, segmento que ha crecido más del 30% en los últimos años. Debido a lo anterior la empresa necesita realizar una investigación de mercado que le ayude a conocer las preferencias de los consumidores considerando un 95% de confianza y un error del 3%. Z=1.96

¿Cuántas encuestas tendrán que ser aplicadas para tener un estudio de mercado completo?

A)348
B)358
C)682
D)685

5-Reactivo tipo EGEL / Investigación de mercados
Una empresa fabricante de bebidas energéticas sabe que el 30% de la población en México prefiere los productos funcionales y una cuarta parte de ellos consume al menos dos veces a la semana alguna bebida energética. El estudio proyecta un 90% de confianza y un 5% de error muestral Z=1.65

¿Cuál es el tamaño de la muestra que se tendrá que aplicar en el estudio?

A)73
B)75
C)78
D)79

6-Reactivo tipo EGEL / Investigación de mercados

Una empresa fabricante de mermeladas necesita saber la muestra de la población que consumirá mermelada de frambuesa. Los datos demuestran que la población de 1,345,000 de las cuales el 60% de ellas tiene una probabilidad del 50% de consumir dicho producto. El protocolo de Investigación requiere un 95% de confianza y un 5% de error muestral. Z=1.96

¿Cuántas encuestas se requieren aplicar en esta investigación
A)348
B)384
C)416
D)422

7-Reactivo tipo EGEL / Investigación de mercados

Una empresa fabricante de café soluble necesita saber la muestra de la población que consumirá su "nuevo "café de olla" Los datos demuestran que la población de 11,643,000 personas, de las cuales el 60% de ellas tiene una probabilidad del 25% de consumir dicho producto. El protocolo de Investigación requiere un 95% de confianza y un 5% de error muestral. Z=1.96

¿Cuántas encuestas tendrá que realizar la empresa?

A)248
B)288
C)238
D)258

8-Reactivo tipo EGEL / Investigación de mercados

La empresa Nestlé desarrolló su plan anual de mercadotecnia y en su análisis FODA obtuvo información importante para el desarrollo de estrategias y tácticas que implementará el próximo año.

Identifique las fuentes secundarias que sirvieron para el análisis del plan de mercadotecnia.

1-Crecimiento del 20 % en el segmento de cafés solubles en el mercado
2-Incremento en el consumo de café soluble por las tardes y noches
3-Preferencia por los sabores de café soluble sabor canela
4-Incremento en la participación de mercado del segmento de café soluble
5-Ley del impuesto del valor agregado en donde se impone 16% IVA
6-Cambio en las preferencias por empaques bio-degradables de los cafés

A)1,3,4
B)1,4,5
C)2,4,6
D)2,5,3

La respuesta correcta es la "B" ya que el crecimiento del mercado (1), El incremento de la participación de mercado (4) y La ley del IVA (5) son fuentes secundarias ya publicadas que sirvieron como base para el análisis situacional del plan de mercadotecnia.

9-Reactivo tipo EGEL / Investigación de mercados

La cafetería de la Universidad quiere conocer qué tipo de alimentos ofrecidos durante el día son los de mayor preferencia para los clientes y de mayor rentabilidad para el negocio, el objetivo es identificar esta información con la finalidad de evaluar el lanzamiento de nuevos productos el año próximo.

Identifique las fuentes secundarias que serían útiles para obtener la información

1-Encuesta a los alumnos que visitan la cafetería
2-Registro de las ventas por platillo de los últimos 3 meses
3-Revista de especialidad de gastronomía
4-Estados de resultados por cada uno de los platillos de los últimos 3 meses
5-Sondeo aleatorio de los alumnos que visitan la cafetería durante el desayuno
6-Investigaciòn de precios de competencia realizada el año pasado
A)1,3,4
B)1,4,5
C)2,4,6
D)2,5,3

La respuesta correcta es la "C" ya que el registro de las ventas por platillo (2) es una fuente secundaria histórica ya realizada

10-Reactivo tipo EGEL / Investigación de mercados

Una empresa productora de alimentos procesados se encuentra por lanzar sus nuevas salchichas ahumadas bajas en sales y el director de productos de consumo ha decidido realizar una investigación utilizando fuentes primarias externas con la finalidad de conocer las opiniones de los consumidores acerca del sabor de las salchichas, así como de su consistencia y respuesta organoléptica ante el estímulo del sabor.

Identifique las fuentes primarias externas necesarias para el estudio

1-Encuestas a los consumidores habituales del producto en los autoservicios
2-Degustaciòn a través de muestras a consumidores en los autoservicios
3-Degustaciòn a los ejecutivos y otros empleados de la empresa
4-Sondeo de mercado en los autoservicios a los consumidores potenciales
5-Grupos focales con degustación a consumidores actuales del producto
Muestras a amas de casa y posterior encuesta para conocer su opinión

A)1,3,4
B)1,4,5
C)2,4,6
D)2,5,6

La respuesta es "D" La degustación directa a los clientes (2) es una fuente directa, los grupos focales o sesiones de grupo (5), interactúan directamente con los clientes potenciales y las muestras a las amas de casa son otra fuente primaria de información

11-Reactivo tipo EGEL / Investigación de mercados

Una empresa fabricante de jugos y néctares ha detectado un crecimiento por arriba del 35% en las bebidas a base arándano, también ha detectado que otros sabores de jugos han sufrido decrementos importantes del 15% al 20%, especialmente los sabores de cítricos, en donde la caída ha sido del 12%. La dirección de mercadotecnia supone que la caída en estos productos se debe al alto contenido de azúcar que estos sabores contienen.

¿Qué tipo de investigación recomendarías para resolver el problema y tomar decisiones de mercadotecnia?
A)-Investigación Predictiva
B)-Investigación Causal
C)-Investigación Descriptiva
D)-Investigación Exploratoria

La respuesta correcta es "Causal" la hipòtesis es que el contenido de azúcar (variable independiente) tiene relación con la preferencia de los consumidores para adquirir el producto (variable independiente)

12-Reactivo tipo EGEL / Investigación de mercados

Alejandro es el propietario de una agencia de viajes situada en el sureste de la república mexicana y está evaluando el impacto que tendrá el nuevo tren maya que cubrirá las principales zonas arqueológicas de la península de Yucatán. Alejandro ya consultó el plan de gobierno y el proyecto del tren maya supone que este podría generar un crecimiento de más del 60% de incremento en el turismo de la zona. Sin embargo, Alejandro necesita realizar su plan de marketing y su campaña de comunicación y saber si la pauta de la publicidad en Facebook, deberá ser en el idioma inglés, chino mandarín o español.
¿Qué tipo de investigación deberá realizar Alejandro?

A)-Investigación Predictiva
B)-Investigación Causal
C)-Investigación Descriptiva
D)-Investigación Exploratoria

La respuesta correcta es "Investigación descriptiva" debido a que lo que busca Alejandro es saber las características de los clientes, incluyendo su idioma y por supuesto su nacionalidad.

13-Reactivo tipo EGEL / Investigación de mercados

Una empresa refresquera desea lanzar un nuevo tamaño de refresco de manzana de 3.0 litros, dirigidos a familias con 3-4 hijos y en donde los hogares están compuestos por los padres y también los tíos y abuelos, sin embargo, la dirección no está segura que exista el tamaño de mercado adecuado para el lanzamiento de dicho empaque.

¿Cuáles serían las fuentes adecuadas para realizar la investigación de mercado?

1-Realizar grupos focales a los consumidores de refrescos manzana
2- Consultar el INEGI para verificar crecimientos demográficos en México
3-Realizar observación directa en tienda para verificar el comportamiento del consumidor
4-Solicitar a una agencia de investigación de mercados un estudio acerca de la tendencia de consumo en las familias mexicanas.
5-Realizar encuestas estructuradas mediante muestra representativa a las familias mexicanas.
6-Consultar la pagina del Banco de México

A)1,3,4
B)1,4,5
C)2,4,5
D)2,5,6

La respuesta correcta es la "C" ya que el INEGI, la agencia externa de investigación de mercados, y las encuestas a las familias mexicanas son fuentes idóneas para conocer el tamaño del mercado mexicano

14-Reactivo tipo EGEL / Investigación de mercados

Una empresa fabricante de cereales para niños ha detectado un crecimiento inusual de su cereal "choco-choco" el cual no contiene azúcar, ni conservadores, ni colorantes artificiales. El incremento en la venta de la marca del cereal es muy poco común y muy atípica, ya que la tendencia es la disminución de los hijos, que en la década pasada llegaba a 4 hijos por familia y que hoy solo son dos por familia. La anterior información demuestra que no hay más niños que pudieran estar produciendo un incremento en las ventas de la marca del cereal.

¿Qué tipo de investigación recomendarías?

A) Un grupo focal con las mamás de los niños que consumen el producto
B) Un grupo focal con los niños que consumen el producto
C) Un grupo focal con los niños y los padres de los niños
D) Un grupo focal para evaluar el sabor de los productos

Debido a que el consumo de cereales se ha incrementado y el de los hijos no, es posible como hipòtesis que el consumo del producto lo estén realizando los adultos que compran el producto a los niños.

15-Reactivo tipo EGEL / Investigación de mercados

Una cadena de autoservicios, ha detectado una baja en la preferencia de los clientes y desea conocer cuál es la cadena de tiendas competidoras que tiene la mejor calificación en el servicio al cliente.

¿Qué tipo de escala utilizarías para conocer la calificación?

A) Escala Nominal
B) Escala Ordinal
C) Escala de Razón
D)Escala de Likert

La respuesta es la "escala ordinal" debido a que lo que se quiere saber es la posición de las cadenas competidoras en cuanto a servicio al cliente.

16-Reactivo tipo EGEL / Investigación de mercados

Una cadena de restaurantes está interesada en conocer si el precio de sus productos tiene una relación directa con los últimos resultados de participación de mercado, ventas y la calificación del nivel de servicio de sus productos. Los datos indican una caída del 10% en ventas, y caída de 3 puntos de participación de mercado, así como una caída en los resultados de nivel de servicio.

¿Qué tipo de escala sería la adecuada para medir esta relación de variables?

A) Escala Nominal
B) Escala Ordinal
C) Escala de Razón
D)Escala de Intervalos

La respuesta correcta es "C" ya que lo que el investigador quiere comparar es la variable "precio" (razón) con el resto de las medidas, como son participación de mercado, ventas y nivel de servicio.

17-Reactivo tipo EGEL / Investigación de mercados

Una empresa de Investigación de mercado se encuentra en la planeación para realizar una investigación comercial llamado "Panel de detallistas" que tiene como objetivo el conocer el número de detallistas que existen en la Ciudad de México y los productos de consumo que adquieren para su posterior venta al público. La agencia ya estableció los objetivos de investigación y tamaño de la muestra y ahora necesita establecer la forma de realizar el trabajo de campo.

¿Cuál es el orden correcto para la realización del trabajo de campo?

(3) 1-Supervisiòn
(2) 2-Capacitaciòn
(1) 3-Selecciòn
(5) 4-Evaluaciòn
(4) 5-Validaciòn

18-Reactivo tipo EGEL / Investigación de mercados
Una empresa fabricante de juguetes se encuentra por lanzar su nuevo juego de mesa "Dos" el cual es un juego de cartas basado en diferentes colores y números; el problema es que la compañía no conoce el público objetivo al cual tendrá que dirigir la estrategia de marketing, en especial las edades adecuadas para que los clientes entiendan la mecánica del juego y puedan disfrutarlo.

¿Qué tipo de escala incluirías en el cuestionario de investigación?

A) Escala Nominal
B) Escala Ordinal
C) Escala de Razón
D)Escala de Intervalo

La respuesta correcta es la escala de intervalos, ya que los que se quiere saber son los intervalos o rangos de edades de los jugadores potenciales.

19-Reactivo tipo EGEL / Investigación de mercados
Una empresa necesita realizar una investigación de mercados y para ello, necesita establecer el diseño de investigación de mercado.

¿Cuál es el orden correcto para realizar la investigación?
(2)   1-Determinar la Investigación concluyente
(1) 2-Determinaciòn y definición del problema
(3)   3-Establecer el procedimiento de obtención de información
(5)   4-Establecer y diseñar la muestra
(4)   5-Construir cuestionarios
(7)   6-Tabular los datos
(6)   7-Realizar trabajo de campo
(8)   8-Presentar informe al cliente.

20-Reactivo tipo EGEL / Investigación de mercados

Una empresa fabricante de teléfonos inteligentes desea saber el grado de satisfacción de los clientes y ha incluido una pregunta clave en el cuestionario:

¿Qué tan satisfecho está usted con nuestro modelo Huawei b-10?

¿Qué tipo de escala recomendarías para tener una perspectiva clara de la satisfacción del cliente?

A) Escala de comparación pareada
B) Escala de Likert
C) Escala de diferencia semántico
D) Escala de suma constante.

La escala de Likert, es la respuesta correcta, debido a que lo que se quiere saber es el nivel de satisfacción con el producto y la escala de Likert es ideal para medir este tipo de situaciones.

21-Reactivo tipo EGEL / Investigación de mercados

La empresa de cosméticos Maybelline ha lanzado una campaña de publicidad para dar a conocer su nueva línea de labiales, por lo que necesita saber el posicionamiento que ha logrado durante su introducción al mercado.

Identifique la técnica de investigación de mercados cualitativa que debe aplicar:

A) Encuestas
B) Prueba Piloto
C)Sesiones de Grupo
D)Muestra representativa

Las sesiones de grupo son ideales para conocer las opiniones de los consumidores en forma directa, la desventaja es que la información no tiene representatividad estadística, sin embargo, nos puede dar una idea bastante clara, incluso de algunos problemas con el producto en etapas tempranas.

22-Reactivo tipo EGEL / Investigación de mercados

Consiste en la obtención de información relativa a un tema o problema o situación determinada se realiza mediante cuestionarios orales o escritos que se pueden aplicar mediante diversos medios como el correo electrónico, llamadas telefónicas o personalmente.

A) Experimentación
B) Encuesta
C)Sesiones de Grupo
D)Observación

Las encuestas son el método de obtención de información que puede realizarse de forma directa (cara a cara), o a través de otros medios como el teléfono, correo electrónico o alguna plataforma especializada de internet como "Survey Monkey"

23-Reactivo tipo EGEL / Investigación de mercados
Marinela está desarrollando nuevas promociones en sus diferentes tipos de pastelitos, para niños de 08 a 10 años, antes de introducirlos al mercado pretende realizar una investigación para determinar a detalle los gustos y preferencias, por tal motivo se invitarán a los niños a participar en una plática de forma individual y se diseñará una mecánica específica para ellos.

Determine el instrumento a utilizar:

A) Cuestionario con preguntas cerradas
B) Guía de Tópicos para Focus Grupo
C) Guía de Tópicos para entrevista a profundidad
D) Lista de cotejo para observación

El instrumento que deberá realizarse para establecer la mecánica durante el focus group es sin duda "La guía de tópicos" ya que con esta se establece el procedimiento o procedimientos a seguir durante el estudio en la cámara de Gessel

24-Reactivo tipo EGEL / Investigación de mercados

Walmart te ha contratado para una investigación de mercados, con la finalidad de determinar las características de sus clientes, ¿qué compran? ¿cada cuánto compran, ¿dónde compran? Para resolver este problema que tipo de investigación aplicarías:

A) Investigación predictiva
B) Investigación descriptiva
C)Investigación casual
D)Investigación exploratoria

¿Qué compran? ¿Cada cuánto compran, ¿Dónde compran? son preguntas clásicas que nos conducen a saber las características o descripción del cliente potencial

25-Reactivo tipo EGEL / Investigación de mercados
Ante la oportunidad de mercado que se presenta, una compañía de bolsas ecológicas lanza una campaña para dar a conocer sus bolsas, por lo que necesita saber el posicionamiento que ha logrado durante la fase pionera de su publicidad.

¿Qué técnica de investigación de mercado cualitativa debe aplicar?

A) Encuestas
B) Muestra representativa
C) Prueba Piloto
D)Sesiones de grupo

Al igual que en el lanzamiento de un nuevo producto, las sesiones de grupo o "focus group" son muy útiles para conocer el posicionamiento de la marca, especialmente si se complementan con alguna técnica o método proyectivo.

26-Reactivo tipo EGEL / Investigación de mercados

Se trata de técnicas cualitativas, no estructuradas e indirectas para la obtención de información, con el objetivo de que éstos proyecten sus motivaciones, creencias, actitudes, o sentimientos, generalmente ocultos, profundos y generalmente inconscientes.

A) Técnicas Prospectivas
B) Técnicas Proyectivas
C)Técnicas Cualitativas
D)Técnicas de Cuestión

El conocimiento profundo de los clientes en donde se evalúa sus motivaciones, creencias y actitudes son un clásico ejemplo de la utilidad de las técnicas proyectivas de investigación

27-Reactivo tipo EGEL / Investigación de mercados

La empresa "Victoria Secret" desea lanzar al mercado sus nuevos modelos primavera-verano, los cuales son importados del extranjero, para lo cual se requiere de una investigación de mercados de la que se obtengan gustos y preferencias tomando en cuenta los siguientes datos del público objetivo:

Target: Mujeres
Unidades de muestreo: 18 y 35 años
Alcance: Nacional
Tipo de muestreo: Transversal en una etapa

Determine el objetivo de investigación:

A) Incrementar la participación de mercado
B) Establecer el precio de venta del consumidor
C) Conocer el tipo de ropa íntima a lanzar
D) Conocer colores y texturas más aceptadas

Los gustos y preferencias de los clientes están asociados a los modelos de ropa intima que la empresa pretenda comercializar y pueden ser distintos a los modelos de otros países.

28-Reactivo tipo EGEL / Investigación de mercados

Microsoft está desarrollando un taller de creación de video juegos para niños de 10-13 años cuyo objetivo será fomentar el interés y las habilidades en las áreas de ciencia y tecnología.

Antes de inaugurar el curso, se pretende realizar una investigación para determinar a detalle los gustos y preferencias, por tal motivo se invitará a las mamás para platicar de forma individual y profundizar en sus opiniones y preferencias

Determine el tipo de instrumento a utilizar:

A) Cuestionario con preguntas cerradas
B) Guía para Focus Group
C) Guía para entrevista de profundidad
D) Lista de cotejo para observación

El invitar a las Mamás para conocer a detalle los gustos y preferencias de sus hijos es una clásica actividad que corresponde a la elaboración de una guía para entrevista de profundidad (que sería el instrumento previo para aplicarla)

29-Reactivo tipo EGEL / Investigación de mercados

La empresa "Allen" de productos químicos lanzará un detergente en "capsulas" para máquinas lavatrastos, lo anterior servirá para saber si su producto será exitoso y se venderá. Por tal motivo la empresa realizará una investigación de mercados para conocer el grado de aceptación de su producto.

¿Cuál es la hipòtesis del proyecto de investigación?

A) La mayor parte del mercado no utiliza máquinas lavatrastos
B) Los detergentes en capsulas son más costosos
C)La empresa producirá grandes cantidades de detergente
D)Los dueños de las máquinas lavatrastos comprarán detergentes en capsulas

Definitivamente, la hipotesis es el "supuesto" de que los clientes compraran las capsulas para sus maquinas lavatrastos.

30-Reactivo tipo EGEL / Investigación de mercados

Un grupo de artesanos mexicanos del estado de Hidalgo, desean comercializar objetos de cerámica, por lo que se han asesorado y capacitado. Ellos han tomado la decisión de llevar a cabo una investigación de mercado. Lo que saben es que están a hora y media de Puerto de Veracruz (un lugar turístico) y que tienen capacidad de elaborar 50 piezas a la semana.

Identifique el alcance de la investigación de mercados.

A) Geográfico
B) Demográfico
C)Psicográfico
D)Conductual

Al ser la empresa del estado de Hidalgo, lo lógico es querer alcanzar a su estado vecino y turístico "Veracruz" que es en donde se encuentra el mercado mas atractivo y rentable y definitivamente el estudio tiene un alcance "Geográfico"

31-Reactivo tipo EGEL / Investigación de mercados

La cadena de casinos "Game-City" realiza un extenso estudio de percepción de su marca entre el público habitual de ese tipo de establecimientos, lo anterior es para averiguar los atributos de valor que inclinan a los clientes para decidir entre una marca u otra, además de las razones por las cuales los clientes recurrentes de este establecimiento han dejado de asistir.

Identifique el alcance de esta investigación de mercado.

A) Geográfico
B) Psicográfico
C)Económico
D)Demográfico

La asistencia y consumo en estos centros de entretenimiento corresponden a un clásico ejemplo de nivel de "recompra" la cual esta asociado a la psicografia de ese grupo de clientes.

32-Reactivo tipo EGEL / Investigación de mercados
Miguel es el socio fundador de la agencia de investigación de mercados "Mercadometrìa" la cual está ubicada en Cancún, Quintana Roo. Recientemente han observado un decremento importante del 25% en la actividad turística en la ciudad y al mismo tiempo un incremento en el sargazo en las playas, por lo que muchas empresas hoteleras se han acercado a la agencia de Miguel con la finalidad de realizar investigaciones de mercado que les puedan orientar acerca de si el sargazo es el culpable de la baja en el turismo durante el último año.

¿Cuál es el tipo de investigación concluyente que tiene que realizar Miguel?

A) Investigación Exploratoria
B) Investigación Causal
C)Investigación Descriptiva
D)Investigación Predictiva

¿Cuál es el tipo de investigación que ya realizó Miguel?

A) Investigación Exploratoria
B) Investigación Causal
C)Investigación Descriptiva
D)Investigación Predictiva

La investigación que tiene que realizar Miguel es la Causal, debido a que se requiere saber si el sargazo es la causa principal de la caída del 25% del turismo en Cancún, por otro lado, Miguel y su agencia, ya realizaron la investigación exploratoria correspondiente, en donde conoció de la caída en el turismo y de la llegada del sargazo (El problema e Hipòtesis)

33-Reactivo tipo EGEL / Investigación de mercados

La agencia "Nodal" ubicada en la Ciudad de México, trabajan desde algunos años para la empresa Coca Cola, y ha realizado estudios para evaluar el perfil de consumidores que compran el refresco de la marca "Fanta", la empresa refresquera no tiene claro a quien va dirigida la marca. Hace no muchos años la marca intentó con el segmento de adolescentes y la agencia detecto una caída del 15% en las ventas de Fanta, durante el año pasado. Después de haber realizado diferentes investigaciones se concluyó que el publico objetivo de Fanta, son niños entre 9-14 años de edad.

¿Qué tipo de Investigación realizó la agencia?

A) Investigación Exploratoria
B) Investigación Causal
C)Investigación Descriptiva
D)Investigación Predictiva

La investigación descriptiva es idónea para describir las características de los clientes, su edad, género y otro tipo de características.

Lista de Referencias y Bibliografía

Abimbola, T. (2001) 'Branding as a competitive strategy for demand management in SMEs' *Journal of Research in Marketing and Entrepreneurship*, 3 (2), pp.97-106 [En línea]. Disponible en: http://www.emeraldinsight.com.ezproxy.liv.ac.uk (Acceso: 16 diciembre 2018)

AMAI (2013) *Mexican Asociación Mexicana de Agencias de Investigación de Mercados y Opinión Pública [En línea], Disponible en:* http://www.amai.org/NSE/NivelSocioeconomicoAMAI.pdf (Acceso: 12 de febrero del 2018)

American Marketing Association (2011) *The American marketing association, marketing channel definition [Online].* Chicago, IL*:* Marketing Power. *Available from:* http://www.marketingpower.com/_layouts/dictionary.aspx?dLetter=M (Accessed: 12, January, 2013).

American Marketing Association (2008) *Nation branding: concepts, Issues, Practice [Online].* Chicago, IL*:* Marketing Power. *Available from:* http://www.marketingpower.com/AboutAMA/Pages/AMA%20Publications/AMA%20Jour nals/Journal%20of%20Marketing/JM%20Book%20Reviews/nation_branding_fetscherin.as px (Accessed: 12 December 2012).

American Marketing Association (2008) *The American marketing association releases new definition for marketing [Online].* Chicago, IL*:* Marketing Power. *Available from:* http://www.marketingpower.com/AboutAMA/Documents/American%20Marketing%20As sociation%20Releases%20New%20Definition%20for%20Marketing.pdf (Accessed: 23 May 2012).

Backhaus, K. Tikoo, S. (2004) ' Conceptualizing and researching employer branding', *Journal of career and development international*, 9 (5), pp. 501-517 [Online]. Available from: http://www.esmeraldinsight.com/case_studies.htm/journals.htm?articleid=1509267&show= html&WT.mc_id=alsoread (Accessed: 3 december, 2012)

Berhon, P, Ewing, M, Lian, L (2005) 'Captivating company: dimensions of attractiveness in employer branding', *International Journal of Advertising,* 24(2), pp. 147-173 [Online], Available from: http://www.internationaljournalofadvertising.com/IJA24(2).pdf (Accessed: 23, November, 2012).

Best, Roger. Marketing estratégico. México, Pearson Educación.

Burnkrant, R.E. y Cosineau, A. (1975): "Informational and Normative Social Influence in Buyer Behavior", Journal of Consumer Research, 2, (3), 206-215.

CEPAL. Anuario Estadístico de América Latina y El Caribe 2011

De La Garza, Promoción de ventas, México, CECSA, Tecnológico de Monterrey

Ferrel, O.C. & Hartline, Michael D. Estrategia de marketing. México, Cengage Learning Editores.

Geert Hofstede, Cultural Dimensions (En línea) disponible en https://www.hofstede-insights.com/country-comparison/mexico/

Harvard Business Review (En línea) Disponible en:https://hbr.org/2011/04/why-most-product-launches-fail

H Hazel Hahn (2009). Scenes of Parisian Modernity: Culture and Consumption in the Nineteenth Century. Springer

Hatton, Angela. La guía definitiva del plan de marketing. España, Pearson Educación. INDAUTOR (2018) https://www.indautor.gob.mx/tramites-y-requisitos/registro/registro_obras.html

INEGI (2011) Censo de población y Vivienda 2010.

Kotler, P. & Keller, K. L. (2009), Marketing management. 13th ed. River, NJ: Pearson Education.

Lamb, Hair, Mc Daniel, Marketing. México, Cengage Learning Editores.

Levitt, T. (1986) The marketing imagination, 2nd ed. New York: Macmillan Inc.

Lovelock, Christopher H. Mercadotecnia de servicios. México, Editorial Pearson – Prentice Hall

Mc Carthy, E. Jerome & Perreault, William. Marketing, un enfoque global. México, McGraw-Hill.

Malhotra, Naresh, (2009) México, D.F. : Prentice Hall Hispanoamericana

Moliné, M. (2000) La Fuerza de la Publicidad: Saber hacer buena publicidad, saber administrar su fuerza 2da Ed. Madrid, España, Editorial Mc Graw Hill/ Universidad Antonio de Nebrija.

Nielsen, Estudio Global, Women Of Tomorrow 2011

Park, C. W. y Lessig, V. P. (1977): "Students and Housewives: Differences in Susceptibility

Prahalad, C.K. (2004) The fortune at the bottom of the pyramid: eradicating poverty through profits 4th Ed. San Francisco, California: Wharton School Publishing.

PROFECO https://www.profeco.gob.mx/juridico/txt/l_lfpc_ultimo_CamDip.txt
https://www.eleconomista.com.mx/empresas/Hogares-migran-sus-compras-al-canal-mayorista-20180514-0072.html

Reference Group Influence", Journal of Consumer Research, 4, (2), 102-110.

Washburn Judith, Journal of Consumer Marketing (2000), (En línea) disponible en
https://www.deepdyve.com/lp/emerald-publishing/co-branding-brand-equity-and-trial-effects-oOwatchzk0?key=emerald

Weiers R. (1992) Investigaciòn de Mercados: Mèxico: Prentice Hall LatinoAmèrica

Santesmeses, M., Sánchez, A. & Valderrey F. (2003) Mercadotecnia, conceptos y
estrategias, México: Pirámide / Tecnológico de Monterrey.

Zhang, Tao, (2007) Elsevier, Agent-based simulation of consumer purchase decision-making and the decoy effect (En línea) disponible en
https://www.sciencedirect.com/science/article/abs/pii/S0148296307000483